COLLECTION FOLIO

Élisabeth de Fontenay

Gaspard de la nuit

Autobiographie de mon frère

Gallimard

La judicieuse et courageuse amitié d'Alice d'Andigné
m'aura constamment accompagnée
dans l'écriture de ce livre.

Maître de conférences émérite de philosophie à l'université Paris 1 Panthéon-Sorbonne, Élisabeth de Fontenay est notamment l'auteur du *Silence des bêtes : la philosophie à l'épreuve de l'animalité* (1998 ; rééd. 2015), *Actes de naissance* (2011), *La prière d'Esther* (2014), *En terrain miné* (2017) avec Alain Finkielkraut et *Gaspard de la nuit* (2018), récompensé par le prix Femina essai.

En mémoire d'un livre de Pierre Pachet

1

Il ne se regarde pas dans la glace. Il sourit rarement, ne rit pas, ne pleure pas. Il n'affirme jamais : ceci est à moi, mais seulement parfois demande : est-ce que c'est pour moi ? Il dit rarement *je* et ignore le *tu*. Il ne prononce pas mon prénom. Pourtant, la surprise, lorsque je me vois par hasard dans un miroir, de découvrir ses yeux dans mes yeux m'oblige à présumer une parenté de nos vies secrètes, à conjecturer chez lui une histoire qui aura continué ailleurs et dont je cherche à déchiffrer les trop rares messages, en enquêteuse incompétente, impatiente et inconsolée.

2

Le moment est venu, je ne sais trop pourquoi, car il est vivant, d'écrire sur lui, de démêler ce que, d'ouï-dire en secrets toujours à demi dévoilés et du fait simplement de notre enfance partagée, j'ai pu saisir de son désespérant silence, de sa persévération dans une irréversible absence à soi-même. En réalité, je sais que mon chagrin est brusquement devenu incompréhensible, au point qu'il me faut bien, maintenant, me souvenir et réfléchir, quitte à imaginer ce que j'ignore. Car son subit vieillissement fait que je ne reconnais plus le beau jeune homme qu'était mon frère dans cet homme âgé, courbé et marchant à petits pas. Cette transformation récente me plonge dans un désespoir nouveau qui me rend parfois injuste avec lui, alors même que, dans ce dénuement du dénuement, il n'a jamais eu davantage besoin de mon affection.

À travers le cheminement solitaire d'une souffrance dont je ne pouvais pas percevoir la profondeur, et pour laquelle je ressens une immense compassion, nos parents ont compris que leur fils était et resterait différent des autres. Mais je ne prendrais sans doute pas le droit de décrire cette longue détresse si je n'avais pas souvent pensé avoir fait en sorte qu'il n'y ait pas de place pour nous deux. Certes, on pourrait suggérer qu'à sa naissance, j'ai éprouvé de la jalousie, comme c'est le cas de beaucoup d'aînés, ou bien que j'ai conservé une croyance infantile dans la toute-puissance des idées, et que ces réactions rendent compte de mon sentiment de culpabilité. À ce lieu commun, je répondrai que si je n'ai cessé au cours de mon existence de me dire que je portais une responsabilité dans la défaillance de son être, cette responsabilité, je l'ai vécue comme une question et une dette dont je devais m'acquitter et non comme un symptôme.

C'est troublée par ce climat instable que je me mets à écrire sur lui, tout en sachant que je vais aller au bout de ce que je tiens, au plus profond de moi, pour une violence : enfermer dans un discours un être qui ne peut ni savoir ni comprendre que la plus proche par le sang et par la date de naissance use sur lui de ce pouvoir absolu, l'écriture.

3

En tant que lectrice d'œuvres en prose, le style que je préfère est celui des longues phrases. J'aime leur ampleur et leur cadence, leur fin qui se laisse ou non deviner et les ambiguïtés que, dans l'ordre ou le dérangement de leurs méandres, elles dissimulent. De surcroît, parce que j'ai enseigné la philosophie, je me suis longtemps soumise au régime discursif de l'argumentation et du développement. C'est dire que la succession de pièces mal jointes à laquelle je consens, en écrivant ces lignes, ne prétend aucunement au choix d'un genre littéraire. Si ce déroulement passe abruptement de récits en réflexions, et de séquences courtes en séquences longues, s'il ignore souvent la coordination des chapitres, c'est que la discipline d'un enchaînement syntaxique n'aurait convenu ni aux lacunes de ma mémoire, ni à ce qui caractérise la déficience de Gaspard : l'ignorance radicale de la causalité et du temps. Je me suis donc résignée à associer des pensées de façon tantôt délibérée, tantôt involontaire, selon des rapports de contiguïté, de ressemblance et de contraste, cette manière de procéder convenant à mon ressassement. Il a fallu, dans l'impossibilité où je me trouve de tracer avec précision l'entrelacs de ma vie avec une tout autre vie que la mienne, avec cet ailleurs inaccessible qui m'est échu, me contenter de scruter des souvenirs pour les confronter à certains moments de notre présent.

4

Je préfère ne pas exposer son prénom, comme si je craignais de le mettre en danger. Peut-être cette retenue vient-elle d'une archaïque réaction de peur, celle d'une enfant dont la mère a dû cacher son nom de naissance sous l'Occupation. À moins qu'elle ne révèle quelque chose comme une transcendance de mon frère et l'interdiction de disposer de lui à ma guise. Il me faut donc le dénommer et le renommer.

Alors, pourquoi avoir choisi ce prénom de Gaspard ? D'abord pour l'initiale G, puis à cause de Gaspard Hauser, cet adolescent qui fut recueilli en 1828 à Nuremberg, hagard, marchant à peine, ne disposant que de quelques mots et sachant seulement tracer son nom. L'Europe entière s'émut devant le tragique destin de ce fils de prince, criminellement séquestré, privé du lait de la parole humaine et devenu le vieil enfant assassiné qu'a chanté Verlaine.

Ô vous tous, ma peine est profonde ;
Priez pour le pauvre Gaspard !

Quant à *Gaspard de la nuit*, pourquoi me suis-je approprié ce titre d'un livre d'Aloysius Bertrand, paru en 1842 et sous-titré *Fantaisies à la manière de Rembrandt* ? Je ne l'ai lu que récemment et je ne partage pas l'admiration que lui vouaient, entre autres, Baudelaire et Mallarmé. Sans doute ai-je été attirée par l'alliance troublante du prénom de Gaspard avec la nuit et qu'ainsi s'est imposée l'idée de donner ce nom à mon frère. Mais cette nuit, je l'ai détournée des jeux de clair-obscur et de ses connotations fantastiques, je l'ai assombrie et, pour tout dire, appauvrie. Elle dénote, dans mon récit, la cécité d'un soi qui n'est pas devenu soi-même parce qu'il s'est trouvé, toujours déjà, ou tout d'un coup, ou peu à peu dépourvu de l'extériorité du monde signifiant et du rapport aux autres, privé de ce que nous appelons, sans nous poser de questions, la réalité. La nuit de Gaspard évoque un soi qui n'a pas accédé à la condition de sujet, à la possibilité ordinaire et prodigieuse de dire *je*. Elle est une énigme humaine supplémentaire, inattendue, impénétrable.

5

Mais, tout bien réfléchi, je me demande si ce n'est pas Ravel qui, à mon insu, m'aura dicté ce titre, que lui-même a donné à une suite de pièces pour piano, inspirée par Aloysius Bertrand. Car ce même Ravel a écrit, au début de son œuvre, deux *Mélodies hébraïques* et, en particulier, *L'Énigme éternelle*, chant étrange qui me tourmente depuis toujours parce que ses paroles en yiddish n'articulent rien d'autre que ces mots :

Monde, tu nous interroges…
L'on répond
tra la la lala lala…
Si l'on peut te répondre
tra la la lala lala…
Monde tu nous interroges
tra la la lala lala…

Cette comptine, je l'entends comme la cantillation du texte obscur qui constitue mon frère, puisque, en dépit de sa parole pauvre et monotone, Gaspard parle, et que je doute avec obstination qu'il soit une « forteresse vide ». Aussi bien ne prétends-je écrire ni à son sujet, ni à sa place, ni en son nom. Je cherche seulement à le faire exister tel qu'il s'est dérobé aux siens et n'y parviens qu'en usant de la première personne du singulier dans laquelle la sœur, la narratrice et la philosophe cohabitent de manière intranquille.

6

Je me sens déraisonnablement attachée à un poème de Hugo, qui se trouve dans les *Voix intérieures,* un cri d'amour envers son frère depuis longtemps fragile, schizophrène comme on dira plus tard, qui s'effondra définitivement le jour du mariage de Victor avec une femme que l'un et l'autre aimaient, et qui traîna jusqu'à sa mort sa pauvre existence à l'asile de Charenton. Je cite quelques vers de ce poème :

Puisque le Seigneur Dieu t'accorda, noir mystère !
Un puits pour ne point boire, une voix pour te taire,
(...)
Tu n'as rien dit de mal, tu n'as rien fait d'étrange
(...)
Rien n'a souillé ta main ni ton cœur ; dans ce monde
Où chacun court, se hâte, et forge, et crie, et gronde,
À peine tu rêvas !

Peut-être est-ce surtout l'adresse de ce poème qui m'émeut, « À Eugène, vicomte H. », cette manière touchante de donner son titre de vicomte d'Empire à l'aîné qui l'avait hérité sans que la transmission héréditaire eût à prendre en compte sa folie. Mais, pour Hugo, n'est-ce pas là une autre manière de reconnaître, à l'écart ou à l'encontre de sa propre gloire littéraire dont, dans ces vers mêmes, il fait étalage, qu'Eugène était, lui aussi, un poète dont les écrits auraient pu connaître la notoriété, si la folie n'avait pas été, en ce temps comme au nôtre, ce que Michel Foucault a nommé « une absence d'œuvre » ?

Je ne sais pas quelle péripétie extrême a précipité Gaspard dans l'inconscience de soi, de l'autre et du monde, a fait de lui une ombre, en le forçant à s'exiler de la subjectivité et de la réciprocité. Mais ce que je crois savoir, c'est que j'ai pris la place de mon frère et que, rendue libre par son effacement, j'ai gardé notre nom pour moi seule.

7

Comment aborder à cette rive lointaine ? Je ne peux pas entreprendre un récit, car, si je connais à peu près ce qui a été imposé à Gaspard au cours de sa vie, je ne sais rien de ce qui a fait rupture pour lui et s'est transformé en rites, en répétitions inadéquates et lassantes de gestes et de mots. Et, comme j'ai vécu dans son intimité jusqu'à l'âge de dix-sept ans, chambre contre chambre, et que, depuis de longues années déjà, il n'a plus que moi au monde, je redoute de disposer de son être en le présentant seulement comme l'origine de ce que je suis devenue.

Souvent, la tentation de trouver à tout prix un sens à sa vie déborde ma volonté de rationalité. Quand j'ai lu, pour la première fois, la parole du mystique allemand du XVIIe siècle, Angelus Silesius, « La rose est sans pourquoi, / Elle fleurit parce qu'elle fleurit, / Elle ne se soucie pas d'elle-même, / Elle ne se demande pas si on la voit », j'ai cru avoir reçu une leçon de sagesse et accepter sans me révolter l'ignorance radicale, chez Gaspard, du principe de causalité. J'ai espéré que les concepts brutaux de la psychiatrie, tout comme les mots humiliants du langage commun, des adjectifs comme *attardé*, *inadapté*, *demeuré*, *débile*, *idiot*, *imbécile*, *taré*, perdraient leur pouvoir de nier l'existence de son psychisme et d'attenter à son honneur d'être humain. Je me disais alors que mon frère pouvait, en vertu de cette parole poétique, trouver sa place dans une mystérieuse communauté des vivants.

Plus tard, je me suis inlassablement demandé ce que voulait dire Ernst Bloch, philosophe humaniste et progressiste, quand il écrivait : « L'homme découvrira clairement que ce n'est pas avec sa tête qu'il peut faire irruption dans le ciel mais qu'il lui faut devenir de la façon la plus sérieuse un *Narr*, un idiot intérieur », *Narr* pouvant signifier *imbécile*, *idiot*, mais aussi *fou*. J'ignore comment Gaspard, grand invalide d'une guerre qu'aucun animal ne se trouve devoir mener, est devenu, au cours d'un obscur cheminement psychique, puis d'un implacable traitement chimique, un *Narr*.

Cette parole d'Ernst Bloch fait bizarrement écho à un verset des Béatitudes dans l'Évangile selon Matthieu : « Heureux les pauvres en esprit, car le royaume des cieux est à eux. » Lorsque j'entendais lire ces mots, étant enfant, on avait beau me répéter qu'il n'était nullement question des pauvres d'esprit, ni bien sûr des pauvres en chair et en os, mais de ceux qui étaient capables de renoncement intérieur, je persistais malgré tout à penser que cette parole du Christ était destinée à mon frère.

8

Car le mal dont il pâtit, c'est l'innocence, il ignore la malveillance, le mensonge, la dissimulation, il réagit depuis si longtemps comme une victime, comme un agneau que l'on mènerait à l'abattoir. Comment alors n'aurais-je pas erré à travers la littérature et la musique russes, cherchant dans *L'Idiot* de Dostoïevski une figure qui m'aiderait à l'accompagner un peu dans sa nuit? Mais l'épilepsie du prince Mychkine me renvoyait aux *fols-en-christ*, et à une culture mystique vraiment trop éloignée de l'esprit des Lumières auquel j'aspire. En revanche, la sainte simplicité de la plainte chantée par Nikolka, à la fin du *Boris Godounov* de Moussorgski, le dénuement et l'inconscience du malheureux mendiant auraient pu m'aider à calmer ma révolte. Il reste que le droit qu'a l'innocent russe de dire ses vérités au tsar et d'annoncer les malheurs à venir de la Russie m'a vite écrasée par son excès de sens, par sa redondance orthodoxe, tellement éloignés finalement de mon pauvre Gaspard et du silence abyssal dont il ne sort que pour *radoter*, comme le lui disait sa mère.

9

Dans son obscurité surgit de la musique, et le fait qu'il reproduise au piano les airs qu'il a entendus me réconforte. Parfois, en fin de journée, je lui propose d'écouter un concert à la radio ou à la télévision. Il reste un moment passionnément attentif, demandant même le nom de certains instruments, puis il se lève brusquement pour accomplir l'un de ses gestes rituels favoris, fermer les volets, toujours à la même heure quelle que soit la saison, même au mois d'août, en pleine lumière du jour. Si je fais d'autres tentatives vers lui, que je lui montre des portraits de personnes qui ont fait partie de notre vie, il les reconnaît, des photographies de chevaux, et il esquisse un sourire. Pourtant, il ne saisit jamais la main tendue, les essais d'approche, les mouvements dans sa direction restent apparemment vains.

Ainsi ne cesse-t-il pas de me mettre en situation d'échec et me fait-il passer quotidiennement, inexorablement, par trois phases : l'attente insensée d'un prodige, la déception, le renoncement. Il me contraint à guetter les signes sur un autre mode que celui auquel on est habitué dans la vie de tous les jours, car, s'il réagit, c'est à retardement et autrement qu'on s'y attendrait, selon une temporalité différente au point de se demander, sans doute de manière inadéquate, si son registre sensoriel fonctionne tout à fait comme le nôtre. « Si vous nous piquez, ne saignons-nous pas ? Si vous nous chatouillez, ne rions-nous pas ? Si vous nous empoisonnez, ne mourons-nous pas ? » Ces mots de Shylock me poursuivent, et c'est à Gaspard qu'il m'arrive parfois de les adresser silencieusement, puisqu'un certain nombre de ses réactions, qu'on pourrait interpréter comme un accès au temps et à la réalité, ne révèlent en fin de compte qu'une ritualité implacable en relation probable avec une continuelle angoisse.

Cette répétition non sensée de gestes et de phrases, une observation à froid la définirait comme pur processus. La vie, ce n'est pas cela à coup sûr, mais c'est sa vie à lui, pour moi qui ne sais rien de son devenir humain interrompu, une seconde fois, par l'administration de neuroleptiques. Je me raccroche alors à des indices minuscules pour repousser ce mur jadis dressé par les médecins, moins comme une thérapeutique que comme un garde-fou.

Et pourtant, un jour, alors que nous arrivions

à la campagne, il a murmuré : « Je suis content. » Cette parole, surgie de son brouillard, de son territoire minuscule de communication, je l'ai reçue comme un don.

10

Il faut bien, pour faire comprendre le désordre de mes émotions et l'insistance qu'on dirait mystique d'un espoir de délivrance, que je raconte ici ce qui fut un grand moment de notre vie à tous les quatre. La sœur de mon père était religieuse et appartenait à un ordre au nom improbable : « Auxiliatrices des âmes du purgatoire ». Notre mère qui était née juive et s'était fait baptiser pour se marier fut magnifiquement accueillie par cette femme laquelle, aussi innocente dans son antisémitisme familial que dans son enthousiasme pour l'entrée de sa belle-sœur dans le sein de l'Église, avait proposé que la communion de mon frère eût lieu dans son couvent de Marseille. L'expédition tint de l'improvisation, nous nous embarquâmes, peu après la Libération, dans un train bondé. Nous voyageâmes à moitié assis dans le couloir sur nos valises, et nous débarquâmes chez les Auxiliatrices de Marseille. Ce fut une émouvante cérémonie ; Gaspard, sans rien comprendre de la signification des gestes qu'on lui avait appris, fut irréprochable de conformité à ce qu'on attendait de lui. Il n'y eut pas le moindre accident, chute d'hostie ou faux pas devant l'autel et, ses symptômes s'accordant étroitement aux rites du catholicisme, il n'a plus jamais cessé d'aimer aller à la messe et de communier. Le fait que des femmes et des hommes d'Église, loin de considérer cette célébration comme une mascarade, l'aient tenue pour un sacrement reçu dans la plénitude de son sens m'émeut encore comme au jour de mes treize ans, bien que ces choses-là ne signifient, depuis longtemps, plus rien pour moi.

11

Au XVIIIe siècle, l'abbé de L'Épée réussit à enseigner la religion, en trois langues, la française, la latine et l'italienne, aux jeunes sourds et muets qu'on lui avait confiés. Ainsi ces pauvres enfants d'homme, dont l'absence de langage avait fait ce que l'on appela des *idiots profonds*, des enfants sauvages, purent-ils recevoir les sacrements de l'Église et se virent-ils, de ce fait, rapatriés dans l'humanité qui pour cet homme ne pouvait encore se comprendre que comme la famille des vrais enfants de Dieu. « Ma méthode, écrivait-il, permettra de nous ramener nos frères, nos parents, nos amis, nos commensaux. »

Le but de ce prêtre était de restituer aux sourds et muets leur héritage, volé par la nature, d'êtres créés à l'image et à la ressemblance du Verbe. Et sa plus grande fierté résidait dans le fait que quelques-uns de ses élèves avaient accompli « un exercice public sur le sacrement de l'eucharistie, dont le programme annonçait, entre plusieurs autres choses, qu'ils donneraient quatre preuves de la présence réelle du corps et du sang de Jésus-Christ sous les saintes espèces ». C'est en vue de ces performances, qui peuvent nous paraître dérisoires mais dont il pensait qu'elles les rendaient éminemment dignes de communier, qu'il leur avait appris à entendre et parler par les canaux de la vue et du toucher. Dans cette clarté, qui me semble la plus rayonnante du siècle, celle de l'« Institution des sourds et muets », dans un mélange étonnant de Lumières et d'obscurantisme, l'abbé de L'Épée s'est révélé un sublime philanthrope : par l'intermédiaire du catéchisme, ce tissu de mensonges, à entendre les philosophes, ses contemporains, il a réhabilité des petits d'homme en leur rendant le bon sens, « la chose du monde la mieux partagée ».

« Parle et je te baptise », aurait dit, un autre jour du même XVIIIe siècle, le cardinal de Polignac à un grand singe du Jardin du roi. Cet auteur d'un pamphlet réactionnaire, *L'Anti-Lucrèce*, ce féroce cartésien qui, à l'inverse du doux abbé de L'Épée, érigeait, le temps d'un bon mot, la Grande Ménagerie en terre de mission, ne savait pas ce que parler veut dire quand il apostrophait un singe anthropomorphe par cette injonction, « parle », et par cette promesse, « je te baptise ».

12

Pendant la guerre, ma mère n'avait pas abandonné sa profession libérale, bien qu'elle n'eût plus le droit de l'exercer, et fût fichée en vue de la déportation. Or, ce qui joua un rôle déterminant dans la vie de Gaspard, ce fut le moment où mon père, étant nommé haut fonctionnaire de la République renaissante, décréta que sa femme ne devait plus travailler et l'obligea à se séparer de son cabinet dentaire qui lui avait permis de garder son train de vie alors que lui-même, engagé dans la Résistance, puis entré dans la clandestinité, avait fini par abandonner son métier d'avocat. Comme elle n'était ni une femme d'intérieur ni une femme du monde, elle dut éprouver un grand désarroi face à ce changement d'existence. J'imagine que dès cette époque elle prit pleinement conscience du *retard* de son fils, dont l'incessant souci de sa propre survie l'avait, si l'on peut dire, distraite pendant quatre ans. Voilà pourquoi elle se consacra entièrement à l'instruction de Gaspard, s'obstinant à greffer sur lui les structures profondes de la grammaire, de l'orthographe et du calcul.

Quand je rentrais de classe, je trouvais régulièrement notre mère harassée, exaspérée même par son fils qu'elle avait fait travailler et auquel elle transmettait ce qu'on appelle aujourd'hui les fondamentaux. Elle fit en sorte que son orthographe devînt aussi sûre que son aptitude au calcul mental, alors même que l'acquisition de ces compétences ne lui donnait pas le moindre accès à la causalité et à la réalité. Dans la même héroïque foulée, elle l'aura conditionné à se conduire en société en lui apprenant les manières de table et les codes de la politesse la plus raffinée, mais sans pouvoir jamais lui faire comprendre comment n'avoir qu'à bon escient ces gestes d'extrême courtoisie : ce qui, hors du milieu de mes parents, apparaissait chaque fois comme un comble d'incongruité. Je dirai de notre mère que, dans la période où Gaspard a pu vivre en famille, elle l'a, pour le meilleur et pour le pire, « mannequiné », comme on le disait au XVIIIe siècle à propos des acteurs. Me prenant souvent à témoin de ce combat inédit avec l'ange qu'elle devait mener pour l'instruire ou pour lui apprendre à lire l'heure, elle me disait : « Ton frère fait de l'opposition. » Avait-elle inventé, avait-elle emprunté cette expression géniale d'aveuglement ou de perspicacité quant au comportement de son fils ?

13

« Ou il n'y a personne ou l'on ne veut pas répondre », dit un personnage de Diderot, le Neveu de Rameau, en se frappant le front. Cette exaspération, parfois, de ma mère m'aura fait comprendre que les deux branches de l'alternative, absence ou refus d'entendre, étaient l'une et l'autre, et ensemble, recevables. Ainsi n'ai-je jamais cessé de tenir Gaspard pour une personne et de me dire, aujourd'hui comme hier, qu'il en rajoutait. Me suis-je réfugiée dans la dénégation de son état ? Peut-être... Encore que je crois avoir pris les choses bien autrement.

Il arrive à tous les philosophes, même à ceux qui tentent de déconstruire leur tradition, et quelles que soient les distances qu'ils entendent maintenir entre leur vie et la morale, de se laisser un jour ou l'autre surprendre et sidérer par ces mots, adressés par Kant à chacun de nous comme une prescription inconditionnelle : « Agis toujours comme si la maxime de ton action devait être érigée en règle universelle. » Ce *comme si* n'est du reste pas réservé à la morale, il aura fonctionné comme embrayeur des textes kantiens fondamentaux : métaphysique, éthique, esthétique.

Or me dire, voire lui dire qu'*il en rajoute* est ma façon de *faire comme si* Gaspard restait jusqu'à un certain point un être accessible à la raison. Cependant, dans l'occurrence où j'ai été embarquée, mon usage du *comme si* ne se prétend pas kantien, il fonctionne de manière un peu retorse. C'est un moyen de mettre le désespoir entre parenthèses que de faire fi de sa déficience, que de vouloir le traiter comme l'être normal dont, à première vue, il peut avoir l'air. Manière en quelque sorte d'introduire de la fiction et du romanesque dans mon rapport à lui, de ne pas consentir au destin, de l'*imaginer* toujours encore comme celui qu'il aurait dû être.

Mon *comme si* n'a donc rien à voir avec une exigence de moralité, car il flotte dans les eaux troubles de l'interprétation. Il produit cependant un effet libérateur, puisque j'ai recours à cette feinte – qui n'est pas un faire semblant – pour traiter Gaspard en personne présente et non en cet absent que je n'ai pas su me donner les moyens d'approcher. Aussi ai-je pu faire d'un *ou* disjonctif un *et* de coordination. *En même temps*, il n'y a personne et il ne veut pas répondre.

14

Dans une autre famille, moins bourgeoise, plus intellectuelle et surtout à une époque plus tardive de la psychiatrie, le déroulement de sa vie aurait probablement été différent. Car le jour vint – il avait quinze ans – où il fallut se séparer de Gaspard. L'éloignement de son fils et son hospitalisation en Suisse furent pour ma mère une cause de grande détresse. Sans doute pressentait-elle qu'elle ne retrouverait pas l'enfant qu'elle avait élevé.

Je me rappelle ses capacités d'adolescent, éveillées par un début de psychothérapie analytique, et ses accès de violence dirigés contre moi. Quand je compare ce passé certes problématique avec ce que Gaspard est devenu après avoir subi un traitement chimique, je suppose que des médecins ont convaincu mes parents qu'il pouvait devenir délirant et dangereux, et que ceux-ci, n'acceptant pas l'idée d'un internement psychiatrique, ont consenti à ce que lui soient administrés ces neuroleptiques qu'on venait de découvrir et qui l'auront définitivement assommé. Du moins lui auront-ils permis d'être accueilli hors de sa famille et de passer quelques années dans une ferme, puis dans une institution. Il reste que, durant les longues années qui suivirent, la présence le plus souvent silencieuse de mon frère, hébété par les médicaments, ralenti dans ses fonctions cognitives, m'aura désolée et constamment émue.

Ce qui me permet de donner statut à la conjecture d'une *autre vie possible,* c'est une scène singulière, inoubliable, qui eut lieu un jour. Alors que, craintivement fasciné par la voix de son père, il n'avait jamais, lors de nos repas familiaux, ouvert la bouche, l'improbable se produisit : après une remarque que celui-ci lui avait faite sur sa façon de se tenir à table, Gaspard qui, les rares fois où il disait quelque chose, ne faisait jamais que marmonner lui répondit d'une voix forte, de *sa* belle voix que nous n'avions jamais entendue : « Laissez-moi vivre ! » Je n'ai plus cessé de me dire que ce cri aurait dû être le commencement d'une véritable existence. Pourquoi n'a-t-on rien attendu de ce cri, pourquoi l'a-t-on laissé mourir ?

Nos deux chambres d'enfant étaient séparées par une petite entrée et une salle de bains. Nous nous saluions chaque matin en échangeant, à mon initiative, de solennels et tonitruants « bonjour mon frère, bonjour ma sœur ». Quand nous jouions ensemble, je faisais tout ce qu'il fallait pour déclencher ses crises de colère, lesquelles se terminaient immanquablement par un jet nourri de cubes contre ma porte. Je m'amusais à le mettre en rage et à avoir peur de ce bel enfant furieux, je jouais malignement avec les braises de sa folie et je ne l'ai jamais réellement craint, même après qu'il m'eut lancé une lampe à la tête. Maintenant que ces braises se sont éteintes et qu'il est, vivant, descendu aux limbes, je repense à son adolescence et à ses lueurs.

15

La transgression à laquelle je m'astreins en parlant de notre mère trouve sa limite dans ma volonté de ne pas porter de jugement sur elle. Bruno Bettelheim s'est suffisamment entendu à culpabiliser les familles des enfants déclarés autistes qu'il accueillait dans son école orthogénique de Chicago. Il l'a fait dans le dessein, éminemment louable, de réduire à néant le déterminisme des explications génétiques. Le débat entre la « psychologie dynamique » et les partisans de l'explication génétique est loin d'avoir pris fin, en France du moins, terre de psychanalystes. Et je me garderai bien de me prononcer, ne disposant pas d'informations quant au diagnostic porté sur le cas de Gaspard, et ne possédant par ailleurs aucunement le savoir et l'expérience indispensables pour débattre avec pertinence de l'alternative actuelle entre la voie comportementaliste et la voie analytique.

Du reste, je ne sais pas quel parti j'aurais pris s'il m'avait été proposé d'accepter ou de refuser un traitement chimique, étant entendu que seule l'approche analytique me semble se donner les moyens de faire crédit et de faire droit à un sujet qui, même apathique, reste un sujet de désir. Quand notre mère est morte, j'ai regardé attentivement le court historique des comptes rendus d'examens le concernant et n'ai pas trouvé une seule information susceptible de m'éclairer sur l'origine de cette fatale déficience dont je ne saurai donc jamais jusqu'à quel point elle aurait pu être autrement traitée. Ou bien notre mère aura décidé de soustraire définitivement ces papiers à ma vue, sous prétexte de m'épargner la brutalité des diagnostics et des pronostics, dans la crainte peut-être que cette lecture ne me démobilise. Ou bien il n'y avait rien de plus que ce que j'ai eu la possibilité de lire. Je me trouve donc ignorante de la manière dont les médecins ont pu expliquer et nommer ce malheur par des concepts nosologiques dont il faut avouer que l'abstraction bavarde, en ce temps lointain, n'avait rien à envier à la théologie. Cette méconnaissance me porte à interpréter, à inventer même des significations gratifiantes quand la triste et répétitive prose de sa maladie me submerge. Je me vois réduite à faire de l'autofiction familiale, car j'étais moi aussi un enfant, et je vogue sur une eau peu sûre où se mêlent à la fois des souvenirs et des conjectures.

16

Comment ma mère ne s'est-elle pas effondrée dans le non-sens qui l'a doublement frappée ? Car si Gaspard devint peu à peu le tout de sa vie, elle subit comme beaucoup d'autres, mais dans la période où elle éprouvait déjà à l'endroit de son fils de grandes alarmes, une abominable épreuve familiale. En mars 1944, la police française arrêta, déporta et livra à l'extermination sa mère, sa sœur, son beau-frère et nos deux cousins qui avaient notre âge. Dès cette arrestation, notre père étant désormais entré dans la clandestinité, nous nous cachâmes jusqu'à la libération de Paris. Je revois encore Gaspard, âgé de 7 ans, chez un garagiste qui réparait nos bicyclettes et à qui notre mère indiquait un faux nom, reprendre celle-ci sévèrement et rétablir la vérité. Au début de l'année 1945, comme elle n'avait reçu aucun signe de vie des siens, elle écrivit, désespérée, à une amie d'enfance, dans une lettre que sa destinataire me donna après sa mort, qu'elle ne pouvait pas se résoudre à croire ce qu'on commençait à révéler au sujet des centres d'extermination. C'était pour elle trop de douleurs, elle n'en parla à personne, pas même à moi.

S'inaugura alors, au sujet de ces cinq disparus et aussi de notre Gaspard, une culture familiale du secret dont mes parents n'ont pas compris à quel point ce non-savoir me détruisait, tout en contribuant sans doute à soutenir mon choix de la philosophie. Je ne souhaitais pas fuir la réalité dans les idées, mais découvrir un mode de dévoilement rationnel différent de celui des scientifiques. Mon père et ma mère me semblaient littéralement cuirassés par ces douloureux secrets de famille, leur seule présence coupait court aux questions à tel point que le projet de les interroger et, bien entendu, la peur qu'ils me répondent me remplissaient d'une angoisse quasi panique. Aussi, dès que j'eus terminé de passer les concours, un fort désir me vint-il de mener une enquête autour de la question, à la fois manifeste et censurée, de mon frère, une recherche autour des formes erratiques de la subjectivité, et non sur la caractérisation scientifiquement vérifiable de ce qui nous était advenu. Je souhaitais, à cette époque, faire une thèse sur la phénoménologie de la psychiatrie, travail dont l'enseignement de la philosophie m'aura vite détournée.

17

À l'âge de 10 ou 11 ans, Gaspard allait seul en classe, dans une école de l'avenue de La Bourdonnais. Il traversait les jardins du Trocadéro et ces allées et venues solitaires, auxquelles ma mère n'avait consenti que sur ordre d'un médecin, se faisaient sans problème. Sauf qu'un samedi, à l'heure du déjeuner, il n'est pas revenu. Il a disparu pendant plus de vingt-quatre heures et a été retrouvé indemne dans un bois aux environs de Paris. L'angoisse et la détresse de ma mère furent indescriptibles, non secourables. J'ai ressenti le poids de sa terreur sans pouvoir, à l'époque, m'en représenter l'accablant non-dit. Longtemps après, j'imagine que Gaspard était devenu le sixième disparu et que la possibilité de son retour était comme devenue irreprésentable.

Je me rappelle le tic-tac d'une pendule qui égrenait les heures de la nuit dans la pièce où nous veillions ; je guettais le bruit de la porte cochère de l'immeuble comme si cet enfant avait pu revenir en pleine nuit par ses propres moyens ! Mon état fut tel que je dois avouer ne m'être jamais remise de cette brutale disparition. Le lundi, quand je suis retournée dans ma classe de troisième, personne n'en a rien su mais j'avais le sentiment de n'être plus la même. J'ai du reste gardé de cet épisode une inquiétude invivable à l'idée de le perdre quand je sors avec lui et qu'il marche, de manière incorrigible, derrière moi. Cet écart qu'il maintient entre nous fait que je m'attends, chaque fois que je me retourne, à ce qu'il ait disparu. Mais peut-être cette crainte démesurée cache-t-elle une interrogation à laquelle je me dérobe : avait-il ce jour-là brusquement oublié son chemin au hasard d'un délire, ou n'avait-il pas plutôt fait une fugue traduisant en acte son « laissez-moi vivre » ?

18

Quand mon frère, il y a maintenant très longtemps, sortit de l'établissement suisse dont les soins devaient mettre fin à ses rares accès de violence mais ralentir considérablement le devenir de son psychisme, il séjourna quelques années à Chaumont, au-dessus de Neuchâtel et de son lac, dans une de ces petites fermes qui prenaient en pension d'anciens patients psychiatriques.

Il était heureux, s'occupait un peu des bêtes et revivait, j'imagine, ses vacances de petit garçon en Normandie. Nous allions en famille le voir régulièrement et, le temps de notre séjour, nous habitions dans une auberge où, mon père et moi, nous nous réconfortions en buvant de ce délicieux vin blanc du Valais qui s'appelle le Fendant. Le paysage de basse montagne était idyllique, je me prenais pour Rousseau à l'île Saint-Pierre, je cultivais une mélancolie très littéraire, je ne pensais qu'à l'agrégation.

Comment aurais-je pu imaginer alors que le calme de sa vie dissimulait ce qui était encore un secret pour moi et qui me remplit désormais de terreur et de pitié ? La fermière, rattachée à l'hôpital qui avait accueilli Gaspard, me raconta un jour avoir donné à son fils, qu'un imminent examen de fin d'études rendait insomniaque, l'un des comprimés ordonnés chaque jour à mon frère et que ce garçon avait dormi pendant quarante-huit heures.

Pourtant, c'est alors que notre mère, rendue confiante par cette vie paisible, a commencé à rêver pour son fils d'une installation paysanne. Elle se prit à parler de terres agricoles et de stabulation libre, ce qui, compte tenu de sa famille, laquelle avait résidé d'abord à Odessa et ensuite à Paris, nous laissait perplexes, mon père et moi. Je le soupçonne d'avoir, lui aussi, furtivement pensé aux expériences calamiteuses de Bouvard et Pécuchet... Quel projet pouvait-elle bien entretenir, mes parents ne possédant pas la moindre fortune et Gaspard étant plus que jamais incapable de faire face à la vie ? Mais il manifestait désormais une humeur égale, faisait quotidiennement un kilomètre à pied pour venir déjeuner avec nous, incarnant non sans style, dans cette douce campagne, l'idyllique *idiot de village.* Quand je repense à cette crise d'optimisme maternel, je comprends qu'elle avait repris confiance dans l'avenir et j'ai réalisé aussi qu'on ne saurait railler l'espoir fou d'une mère qui se croit plus forte que la réalité.

19

Puis notre père mourut, et elle se rendit compte que le projet d'une vie paysanne ne devait plus occuper son esprit, que ce rêve bucolique n'aurait jamais lieu d'être pour son fils. Elle m'entraîna alors dans un triste tour de France à la recherche d'une institution pouvant lui convenir. À une époque où, en matière de secours durables aux adolescents mentalement handicapés, il n'y avait à peu près rien, elle eut la chance de trouver ce qui convenait au réalisme de son exigence : une maison hautement professionnelle et profondément accueillante, près de Toulouse. C'est ainsi que mon frère vit toujours, dix mois de l'année, à la campagne, dans sa solitude inviolable.

L'institution où Gaspard a vieilli comprend depuis plusieurs années une maison de retraite – ce qui atteste de la part de ses fondateurs une prévoyance exceptionnelle – mais elle s'appelle toujours Les Jeunes Handicapés. Enfants fous, enfants arriérés... Sans doute par insuffisance de prise en charge, mais surtout parce que la vieillesse des insensés porte à son comble la terreur du non-sens, nous préférons les dire toujours encore jeunes. Ainsi nommée, la réalité se déréalise et fait moins peur, car la maladie et l'invalidité psychiques vont s'aggravant avec l'âge. Ceux qui en sont atteints se trouvent de plus en plus étrangers au monde, et ce vieillissement-là ne vient pas achever une existence mais placer un sceau définitif sur la déficience, priver même des espérances ou des consolations que la jeunesse voire l'âge adulte peuvent parfois accorder à leurs proches : s'ajoute alors une confirmation ultime au malheur, entérinant le verdict prononcé, à un tout autre sujet, par la terrible parabole « À celui qui n'a pas on ôtera même ce qu'il a ».

20

Mes parents ont voué une admiration sans réserve au général de Gaulle, ils le considéraient comme leur maître en patriotisme mais aussi en malheur, car ils savaient que ce grand homme avait eu une enfant *différente*. Sa fille, Anne, était née en 1928 atteinte de trisomie 21. L'accouchement d'Yvonne de Gaulle ayant été difficile, Anne avait gardé de sa naissance des séquelles lui rendant la marche difficile. Charles de Gaulle fut un père profondément attaché à celle qu'il appelait « ma joie », soucieux à chaque instant de la protéger, et voyant en elle une bénédiction. « Anne a été aussi une grâce, elle m'a aidé à dépasser tous les échecs et tous les hommes, à voir plus haut », dira-t-il en 1940, comme s'il tirait sa force de la fragilité de cette enfant. En garnison à Metz, à la veille de la Seconde Guerre mondiale, il avait demandé que l'on ouvre les grilles du jardin botanique dès 7 heures du matin quand il faisait beau. Il voulait se promener avec Anne dans les allées sans que des badauds dévisagent cette enfant stigmatisée comme « mongolienne ». Et même, quand il fit de l'Angleterre la capitale de la France libre, rien ne pouvait lui faire obstacle dès lors qu'il avait décidé de consacrer du temps à sa fille. Avec elle, il se laissait aller à des élans d'affection qui ne lui étaient pas habituels. « Sans Anne, peut-être n'aurais-je jamais fait ce que j'ai fait. Elle m'a donné le cœur et l'inspiration », a-t-il avoué à Jean Lacouture, son biographe.

Cette leçon gaullienne est cependant restée étrangère à l'un et l'autre de mes parents : à mon père catholique, certes, mais voltairien et privé du fils qu'il espérait ; à ma mère, matérialiste et dévastée. Quant à moi, alors même que je combats l'idéologie des défenseurs du « droit à la vie » et que je rejette les apôtres de cette renversante action de grâce que certains adressent à la volonté divine, je reste, aujourd'hui encore, émue par ce consentement, par cette gratitude dont a témoigné le héros de la France libre.

Anne est morte d'une pneumonie en 1948, à l'âge de 20 ans. À la fin de son enterrement, de Gaulle était debout devant la tombe, le visage plongé dans ses mains. Le prêtre s'est souvenu de cet instant où l'homme qui avait sauvé l'honneur de la France n'était plus qu'un père inconsolable : « Je me suis agenouillé pour prononcer une prière, a-t-il raconté. Quand je me suis relevé, il a fait deux pas vers moi et il s'est littéralement effondré sur mon épaule. » Quelques instants plus tard, alors que le corps d'Anne venait d'être enterré, de Gaulle a posé sa main sur le bras de sa femme et lui a murmuré : « Maintenant, elle est comme les autres. » Maintenant… comme les autres. Désespérant aveu qui laisse entendre que seule la mort a réussi là où les hommes ont échoué.

21

Pourtant, des recherches effectuées par Patrick Weil et par Élisabeth Roudinesco sur Georges Mauco m'auront un peu dégrisée en me ramenant à l'Histoire. Mauco, à la fois démographe et psychanalyste, spécialiste, entre les deux guerres, de l'immigration et théoricien de la hiérarchie des races, s'inscrivit sous l'Occupation au Parti populaire français et il fut, de surcroît, le collaborateur de Georges Montandon, « l'anthropologue » dont le livre *Comment reconnaître le juif ?* fut à l'origine de l'exposition « Le juif et la France » qui se tint de 1942 à 1943 au palais Berlitz.

Or ce Mauco se vit confier à la Libération des responsabilités dans l'aide à l'enfance handicapée mentale. Et, comme des informations insistantes couraient sur son passé peu en accord avec les valeurs démocratiques et républicaines de la France libérée, il tenta de se réhabiliter, à l'occasion d'un entretien, en racontant une visite qu'il fit à de Gaulle. Celui-ci pouvait-il ignorer le passé collaborationniste de son visiteur ? Dans ce récit grossièrement consacré à sa propre apologie, Mauco raconte l'émotion qui fut celle du Général quand il lui demanda, en 1946, de l'aider à créer la première consultation psychopédagogique. La vulgarité sirupeuse du ton de ce récit, fait par un homme qui aurait dû être emprisonné et frappé d'indignité nationale, a terni dans ma mémoire la légende dorée d'Anne de Gaulle et de son père.

À ceux qui me diront que je mélange des luttes n'ayant aucun rapport les unes avec les autres, je répondrai que l'assassinat des handicapés par les nazis a eu lieu dans la plupart des pays où sévissait le IIIe Reich, et ce pendant que Georges Mauco coopérait avec les nazis à l'élimination de la race juive et que des hôpitaux psychiatriques français, Le Vinatier par exemple, utilisaient la famine comme un moyen d'euthanasie. Gaspard qui, en ce temps de grande honte humaine, avait entre 3 et 7 ans aurait pu être traité à la fois comme un « demi-juif » et comme une « existence superflue ».

22

Une forte émotion s'empare de moi chaque fois que je revois *Rain Man*, ce film de Barry Levinson, sorti en 1989 et dans lequel Dustin Hoffman joue le rôle d'un autiste, enlevé par son frère cadet qui, avant que leur père ne meure, ignorait son existence, encore qu'il se souvienne, après coup et confusément, qu'il y a très longtemps un prénom, « Rainman », hantait son langage de petit garçon. Un notaire lui a appris qu'il ne recevrait rien d'un héritage important légué, dans sa totalité, à une clinique psychiatrique où vit son frère dont il avait été séparé après la mort de leur mère. Charlie, joué par Tom Cruise, l'enlève alors dans le but de récupérer la part d'héritage dont il juge qu'elle lui revient et il l'embarque en voiture dans un voyage vers la Californie. Raymond, le frère autiste, n'a que des comportements rituels, il ne dispose pas de la moindre aptitude à nouer des relations sociales, que ce soit avec son infirmier qui le connaît depuis des années ou avec son frère retrouvé, il ne supporte pas qu'on le touche, il prononce des paroles stéréotypées, répétant des mots ou des syntagmes sans rapport avec la situation, il a un vocabulaire limité, ne pouvant construire que des phrases syntaxiquement élémentaires, il fait de l'écholalie, reprenant, en guise de réponse, les derniers mots de la question posée, il se trouve dans l'impossibilité de résoudre une alternative, de faire face à un choix, voulant, par exemple, et rester avec son frère et retourner à la clinique. Devant toute sollicitation pressante, il dit : « Je ne sais pas. » La similitude de son comportement avec celui de Gaspard me bouleverse, bien que le diagnostic d'autisme n'ait jamais été, à ma connaissance, posé sur mon frère.

Le film eut beaucoup de succès parce qu'il fit découvrir au grand public ce qu'on appelle, à l'intérieur du spectre de l'autisme, le syndrome d'Asperger, la coexistence d'une coupure radicale avec la réalité et d'une hypermnésie des chiffres ou d'une compétence arithmétique peu commune. Mais je doute que cette découverte stupéfiante ait permis de percevoir la misère tragique d'un intellect réduit à lui-même, squelettique, privé de chair émotionnelle.

23

Dans la dernière scène du film, au moment où les deux frères se séparent et où Charlie promet à Raymond de venir le voir deux semaines plus tard, le spectateur découvre ce qu'il ressent comme la terrible insensibilité de Raymond. Celui-ci ne s'arrache pas un instant à l'intemporalité de son trouble obsessionnel compulsif, et l'on constate qu'il ne lui est sans doute rien arrivé, alors que Charlie aura, pour sa part, en s'attachant à son frère, réalisé un véritable parcours initiatique. De cette scène de séparation émane une grande désespérance, celle même que je ressens lorsque je raccompagne Gaspard à l'aéroport. Sans doute ne manque-t-il jamais de me demander s'il reviendra dans notre maison aux prochaines vacances. Je le rassure chaque fois de mon mieux, bien que la réitération mécanique de cette question, trois fois par an depuis près de trente ans, ne puisse suffire à me faire douter de son inébranlable indifférence.

Un jour que je l'avais confié aux soins d'une

amie, pendant que je devais aller à la Sorbonne pour faire passer des oraux, je suis revenue le chercher, en me plaignant bruyamment d'une mauvaise chute que j'avais faite dans l'autobus. Gaspard m'a interrompue en me demandant s'il pouvait fumer une cigarette. Soudain, l'indignation m'a envahie. Comment était-il possible qu'il ne comprenne pas que je m'étais fait mal ? Cette réaction de colère n'est du reste pas une exception, j'ai souvent des mouvements d'emportement contre sa lenteur, contre sa maladresse à finir de s'habiller, contre sa manie de la symétrie ou contre son inadéquation à la situation présente. Mais, encore une fois, ce qui me fait souffrir et me décourage le plus profondément, ce n'est pas son retard mental, c'est son absence d'affect. Je voudrais trouver le moyen de me glisser, ne serait-ce qu'un instant, dans l'abîme barricadé de son for intérieur, certains de ses mots, de ses attitudes attestant qu'il réagit furtivement et tardivement à des situations ou à des impressions, bien qu'on ne puisse rien lire sur son visage. C'est sans doute son apathie qui constitue ma plus grande épreuve. Son incapacité à ressentir, à partager les émotions d'autrui m'épuise.

Pourtant, quand je tente une allusion à nos parents ou à notre enfance, à nos vacances, pendant la guerre, dans une ferme normande, chez notre Cécile à qui nous étions confiés, et quand je lui parle des animaux, à ces moments-là, il supplée à ma mémoire défaillante et me rappelle les noms des percherons d'Henri Saint-Ouen, ces dieux de notre enfance, Marceau, Bijou, Papillon…

Quand notre mère est morte, j'ai tenu à venir le lui annoncer moi-même dans la maison où il vit. Je ne sais plus bien ce que je redoutais, ce que j'espérais et, jusqu'à aujourd'hui, j'ignore ce qu'il a ressenti, alors que j'aurais tant voulu que cela lui fasse mal et lui porter secours. Quoi qu'il en soit, je crois avoir trouvé les mots pour lui représenter que j'étais là, qu'il n'était pas abandonné, et je ne doute pas, ayant plus d'une fois constaté qu'il pouvait être sujet à de grandes et obscures angoisses, qu'il n'ait entendu quelque chose d'apaisant.

24

Dans cette solitude particulière, j'aurai fait l'expérience de l'allergie à l'être différent que tant de gens dénués de méchanceté mais nantis d'un terrifiant sens commun s'empressent de percevoir comme une déplaisante étrangeté et qu'ils veulent effacer de leur champ de vision. Ils se scandalisent d'abord de ce que de tels êtres aient pu venir au monde et surtout de ce qu'on ne les cache pas. Je me rappelle avec colère un article décrivant la levée de boucliers d'habitants d'un village où l'acteur Lino Ventura voulait installer Perce-Neige, sa première maison destinée aux enfants handicapés mentaux. Perce-Neige, nom humble et rayonnant, portant l'espoir d'une poussée, peut-être d'une éclosion pour des innocents qui ne pouvaient faire de mal à personne mais qu'on ne supportait pas de voir dans le paysage.

C'est pourquoi j'éprouve une immense gratitude pour les travaux des psychanalystes qui ont travaillé à la réhabilitation humaine des enfants psychotiques, et pour l'œuvre à la fois théorique et institutionnelle de Maud Mannoni. Son ouvrage, *L'Enfant arriéré et sa mère*, publié en 1964, je n'ai pas cessé de vouloir le lire et en même temps de m'y dérober. Car ce que le titre de ce livre, articulant fortement à la mère l'arriération de l'enfant, a d'abord provoqué en moi, c'est de l'angoisse et de l'indignation. Je n'ai jamais accepté qu'on s'interroge sur notre mère, je l'ai déjà dit, et je ne doute pas qu'on puisse interpréter cet interdit comme un symptôme que j'aurais bien fait d'élucider avec l'aide de quelqu'un qui s'y connaisse en inconscient.

Au moment de sa parution, j'ai tout de suite pressenti que, pour Gaspard, il était trop tard : il aurait fallu qu'il soit beaucoup plus jeune pour entreprendre un travail thérapeutique avec Maud Mannoni et être accueilli dans cette « institution éclatée » qu'était le lieu de vie de Bonneuil. Puis j'ai enfin lu *L'Enfant arriéré et sa mère*, livre qui a vieilli certes du fait d'une utilisation systématique du « nom du père », concept lacanien majeur. À première vue, Maud Mannoni semble rivaliser avec Bettelheim, auteur très controversé d'un livre au titre admirable, *La Forteresse vide : l'autisme infantile et la naissance du soi*, paru à la fin des années 60, pour sa mise en cause de la froideur des mères. Or j'ai compris que le titre de Maud Mannoni m'avait égarée, car, pour sa part, elle évite de les culpabiliser.

Son combat se situe sur un autre plan et

consiste à refuser tout crédit aux tests, à ces épreuves dont les résultats portent une valeur quantifiable, aux quotients intellectuels, aux mesures de l'intelligence et aux décisions qui font suite à ces évaluations. La méthode de Mannoni, avec chacun des enfants qu'elle aura suivis, l'a toujours menée à faire appel des étiquetages et des verdicts et à souligner en particulier que les *arriérés* construisent des mécanismes de défense d'ordre psychotique : elle avait découvert la force des résistances chez ces grands assoupis.

25

Durant les années 80, j'ai découvert dans *La Dialectique de la raison* un texte sur la bêtise, tant celle des bêtes que celle des humains, des pages dont la lecture provoqua chez moi un salutaire séisme. La bêtise, écrivaient, en 1940, ces deux philosophes, Adorno et Horkheimer, qui venaient de fuir le nazisme, est une « cicatrice incitant à la violence ». La bêtise, une cicatrice ! Ce fut un geste fondateur que de caractériser la déficience intellectuelle comme une blessure, de rapatrier l'impuissance mentale dans l'histoire d'un être et de récuser tant l'invariabilité de la faiblesse d'esprit que la trop facile hiérarchisation des intelligences.

Ils ont choisi de décrire l'inhibition de l'escargot rentrant ses antennes pour rendre compte précisément de ce qui est arrivé à des humains, plus dépourvus d'esprit que d'autres, et qu'on s'accorde à trouver bêtes. La vérité de la bêtise, c'est l'abêtissement : elle provient de la violence infligée sur un corps tentant de sortir de soi pour explorer le monde, cette violence ayant pour conséquence d'entraver à jamais toute initiative. Ces auteurs font donc de l'animal, puni de sa confiance dans l'extériorité, le paradigme de la bêtise humaine. Les antennes de l'escargot reçoivent dans cette pensée, non pas fonction de métaphore, mais de modèle qui aide à instruire le regard porté sur ceux qui sont restés sur le bas-côté.

C'est son expérience clinique qui a enseigné à Maud Mannoni que la bêtise est une cicatrice et l'apathie une inhibition, puisqu'elle affirme que les tests, loin d'évaluer des capacités, révèlent des symptômes. Elle m'a fait tardivement comprendre d'où venait la terreur que j'ai toujours ressentie devant ces questionnaires qui ne sont que de brutales vérifications. Un jour, nous avions respectivement 12 et 10 ans, un médecin – je crois me rappeler que c'était le professeur Heuyer – nous a soumis, l'un et l'autre, à une question devant laquelle Gaspard s'est trouvé complètement démuni : « Quand on a pris une route qui monte et qu'on repart dans le sens inverse, est-ce que la route monte ou descend ? » Le diagnostic et le pronostic dont j'ai, bien qu'enfant, pressenti la teneur négative m'ont blessée et m'auront longtemps fait prendre en haine psychiatres et psychologues.

26

La conjonction de la force philosophique, de la douleur psychique et de la culture psychanalytique fit écrire ces lignes en 1964 à Louis Althusser. « Quel est l'objet de la psychanalyse ? (...) Les effets prolongés dans l'adulte survivant, de l'extraordinaire aventure qui, de la naissance à la liquidation de l'Œdipe, transforme un petit animal engendré par un homme et une femme, en petit enfant humain (...). Que ce petit être biologique survive, au lieu de se survivre enfant des bois devenu petit de loups ou d'ours (...), telle est l'épreuve que tous les hommes, adultes, ont surmontée : ils sont, à jamais amnésiques, les témoins, et bien souvent les victimes de cette victoire, portant au plus sourd, c'est-à-dire au plus criant d'eux-mêmes, les blessures, infirmités et courbatures de ce combat pour la vie ou pour la mort humaine. Certains, la plupart, en sont sortis à peu près indemnes – ou du moins tiennent à haute voix, à bien le faire savoir ; beaucoup de ces anciens combattants en restent marqués pour la vie ; certains mourront, un peu plus tard, de leur combat, les vieilles blessures soudain rouvertes, dans l'explosion psychotique, dans la folie, (…) d'autres, plus nombreux, le plus "normalement" du monde, sous le déguisement d'une "défaillance organique". (…) La psychanalyse, en ses seuls survivants, s'occupe (…) de la seule guerre sans mémoire ni mémoriaux, que l'humanité feint de n'avoir jamais livrée, celle qu'elle pense avoir toujours gagnée d'avance, tout simplement parce qu'elle n'est que de lui avoir survécu, de vivre et s'enfanter comme culture dans la culture humaine : guerre qui, à chaque instant, se livre en chacun de ses rejetons, qui ont, projetés, déjetés, rejetés, chacun pour soi dans la solitude et contre la mort, à parcourir la longue marche forcée, qui de larves mammifères, fait des enfants humains des sujets. »

Ce fragment d'un texte, écrit il y a plus de cinquante ans, bien avant que le meurtre de sa femme ne l'obscurcisse encore un peu plus, m'a marquée à jamais. Sans doute la certitude, quant à l'étape incontournable et parfois manquée de « l'Œdipe », rend-elle sa conceptualité anachronique, sans doute l'auteur ne veut-il rien savoir des aléas d'une histoire intra-utérine qui interdit d'assimiler le nouveau-né à un « petit animal » et de le qualifier de « larve mammifère ». Mais comment aurais-je pu ne pas être durablement convaincue par cette description de l'homme normal comme de celui qui a « échappé à toutes les morts de l'enfance, dont combien sont des morts humaines » ? Même si j'ai surinterprété un motif qui n'était pas l'objet principal de la méditation althussérienne, toujours est-il que, pour la première fois, je lisais ces mots qui me faisaient sans détour penser à Gaspard : mort de l'enfance qui n'en est pas moins mort humaine.

Et pourtant, ce mot « mort », dès lors qu'il s'agit de mon frère et de ceux qui pâtissent d'un destin analogue au sien, je ne saurais y consentir, pour autant qu'à la même époque Maud Mannoni tentait des psychothérapies analytiques avec des enfants arriérés, croyant à une reprise possible de ce devenir humain qui s'était interrompu et dont elle-même, avec d'autres analystes, présumait que son tarissement ne faisait qu'imiter la mort.

27

Primo Levi évoque dans *La Trêve* un être emblématique du mal dont je tente de parler. « Il ne paraissait pas plus de 3 ans, personne ne savait rien de lui, il ne savait pas parler et n'avait pas de nom : ce nom curieux d'Hurbinek lui venait de nous, peut-être d'une des femmes qui avait rendu de la sorte un des sons inarticulés que l'enfant émettait parfois. Il était paralysé à partir des reins et avait les jambes atrophiées, maigres comme des flûtes, mais ses yeux, perdus dans un visage triangulaire et émacié, étincelaient, terriblement vifs, suppliants, affirmatifs, pleins de la volonté de briser ses chaînes, de rompre les barrières mortelles de son mutisme. (...) Une nuit, nous tendîmes l'oreille : (...) du coin d'Hurbinek venait de temps en temps un son, un mot. Pas toujours le même, à vrai dire, mais certainement un mot articulé ; mieux, plusieurs mots articulés de façon très peu différente, des variations expérimentales autour d'un thème, d'une racine, peut-être d'un nom. Ce n'était certes pas un message, une révélation : mais peut-être son nom, si tant est qu'il en ait eu un ; peut-être (...) voulait-il dire "manger" ou peut-être "viande" en bohémien, comme le soutenait avec de bons arguments l'un de nous qui connaissait cette langue. (...) Hurbinek, le sans-nom, dont le minuscule avant-bras portait le tatouage d'Auschwitz ; Hurbinek mourut les premiers jours de mars 1945, libre mais non racheté. Il ne reste rien de lui : il témoigne à travers mes paroles. »

Hurbinek n'a pas survécu, mais il est passé entre les mailles des deux grands coups de filet par lesquels les nazis ont anéanti d'une part les juifs et les Tziganes, d'autre part les vies dénuées de valeur. L'euthanasie décrétée par Hitler et infligée aux malades mentaux, ces meurtres psychiatriques de masse ont préfiguré, puis accompagné, conceptuellement, techniquement et administrativement l'extermination en Europe des êtres tenus par le nazisme pour inférieurs.

28

Toutefois, une pratique eugéniste négative de stérilisation et même d'élimination s'était développée sans états d'âme démocratique aux États-Unis et en Europe bien avant 1933. En France, Alexis Carrel, prix Nobel, auteur du best-seller *L'Homme, cet inconnu*, développa des thèses eugénistes négatives, demandant par exemple l'éradication médicale des criminels, et il peut être tenu pour moralement responsable de l'euthanasie par la faim de 45 000 malades et handicapés mentaux en France pendant la guerre.

Mais c'est l'Aktion T4, programmée par les nazis de janvier 1940 à août 1941, que l'histoire a retenue : elle consista dans l'anéantissement de 70 000 « semi-humains », « esprits morts », êtres « avariés », « existences superflues ». Cette élimination fut présentée comme euthanasie « miséricordieuse » et la désinhibition par l'euphémisme permit de mettre en place une organisation destinée à effectuer et à dissimuler. Pourtant, en août 1941, Hitler, craignant de se voir tenu pour l'auteur de ces assassinats et constatant que le quota de 70 000 mises à mort, qu'il avait initialement fixé, avait été atteint et même légèrement dépassé, ordonna de mettre fin à l'Aktion T4, tout en s'assurant que le meurtre des handicapés se poursuivrait, pratiqué à une échelle beaucoup plus réduite et donc moins visible. Ainsi l'extermination de personnes considérées par les nazis comme des charges pour la société durera-t-elle jusqu'en 1945.

Le maintien du secret nécessita la mise en place d'un camouflage administratif. Le personnel engagé, qui ne faisait l'objet d'aucune contrainte, participa à l'opération de façon inconditionnelle : des hommes portant des blouses blanches et des bottes de SS élaborèrent eux-mêmes les règles déterminant si tel patient devait vivre ou mourir. Après la guerre, l'ordre allemand des médecins, ayant pris connaissance du rapport sur les pratiques médicales nazies que le docteur Alexander Mitscherlich avait produit au procès de Nuremberg, acheta tous les exemplaires mis en vente et empêcha donc la divulgation de ces crimes.

Entre 1939 et 1945, des aliénés et des handicapés furent assassinés par gazage au château de Hartheim, par injection létale, par dénutrition et par surdose médicamenteuse sur les sites de Grafeneck et de Hadamar. Les historiens ont avancé des chiffres : près de 100 000 patients adultes, 5 000 enfants internés dans des institutions, 1 000 patients juifs et 20 000 détenus des camps de concentration.

29

On a souvent présenté le sermon de l'évêque de Munster, en août 1941, comme un moment décisif de la résistance des Églises, alors que son argumentation n'avait rien de religieux puisqu'il n'y était pas question du caractère sacré de chaque vie humaine. Toutefois, ce prêche, s'il ne fut suivi d'aucune condamnation concernant le massacre des juifs, n'en signifia pas moins le refus solennel de la politique eugéniste négative que pratiquaient les nazis. « C'est une doctrine terrible, a dit en chaire Mgr August von Galen, qui (...) légitime le massacre violent des personnes handicapées qui ne sont plus capables de travailler ! (...) Si l'on admet, une fois, que les hommes ont le droit de tuer leurs prochains "improductifs" (...) alors la voie est ouverte au meurtre de tous les hommes et femmes improductifs (...), pour le meurtre de nous tous, quand nous devenons vieux et infirmes et donc improductifs. Alors on aura besoin seulement qu'un ordre secret soit donné pour que le procédé, qui a été expérimenté et éprouvé avec les malades mentaux, soit étendu à d'autres personnes improductives. »

Quand les administrateurs du lieu de vie où résidait Gaspard depuis la mort de notre père décidèrent d'ouvrir une maison d'accueil spécialisée qui leur permettrait de séparer ceux qui pouvaient travailler de ceux auxquels il n'était pas question d'imposer cette obligation, j'ai, ardemment et comme frappée d'hypermnésie historique, espéré que mon frère serait placé du bon côté et non pas chez les « improductifs ». Et quand, après quelques semaines, on le jugea inapte au travail, je ressentis cette décision comme une exclusion humiliante, un dernier échec à l'entrée dans le monde commun, l'ultime coup de grâce social, alors que notre mère, plus réaliste et plus soucieuse du bien-être de son fils, se réjouissait qu'il restât libre de toute contrainte venue de l'extérieur. Sans doute le souvenir de l'improductivité qui voue à la mort l'obsédait-elle moins que moi.

30

Les chemins de pensée tracés par Heidegger ont tellement compté pour moi que j'ai toujours refusé de débusquer dans son œuvre « l'introduction du nazisme dans la philosophie ». Pourtant, en ne cessant de penser l'humanité de mon frère, je me suis toujours trouvée contrainte de reconnaître que la rupture de Heidegger, dans son livre *Être et Temps*, avec « les philosophies de la vie » portait la dangerosité de sa pensée. Pour Heidegger, l'essence de l'homme ne réside pas dans le fait d'être un vivant raisonnable, mais dans le *Dasein* : l'être-là, défini comme « l'être pour la mort » et qui n'a rien de biologique. Il n'est en effet jamais question de l'être vivant dans le *Dasein*, et l'homme se trouve coupé du reste des *étants* en ce qu'il est d'abord un pur rapport à la question du sens de l'être.

Il y a, chez Heidegger, une élévation et une séparation ontologiques de la réalité humaine, qui rendent quasi blasphématoire toute anthropologie réclamant une connaissance minimale de cette couche d'être originaire que Husserl, loin de tout biologisme, a nommée « le monde de la vie ». C'est pourquoi « la décision résolue » qui caractérise « l'existence authentique » conduit à désavouer la fuite du *Dasein*, qu'elle soit normale ou pathologique, dans l'oubli de l'être. Cette opposition de l'authenticité à la facticité, de l'activité à la passivité, est descriptive et, il faut le reconnaître, ne devint jamais normative et encore moins prescriptive.

Il reste que, si l'on n'arrime pas trivialement l'être à la vie et l'être-avec-autrui à la pulsion qu'a chaque vivant de persévérer dans l'être qui lui est propre, à ce désir de durer que partagent tous les mortels, qu'ils sachent ou non qu'ils doivent mourir, comment l'extermination systématique qui a consisté dans le programme de mise à mort des handicapés mentaux et de races déclarées inférieures, hommes *inauthentiques* si l'on prend à la lettre les méditations intransigeantes du Heidegger d'*Être et Temps*, pourrait-elle être tenue pour ce qu'elle fut : le mal radical ? C'est ici que le mot de Nietzsche : « L'être, nous n'en avons d'autre représentation que le fait de vivre » retentit avec une force inouïe.

Je ne peux m'interdire de penser que, comme la destruction des juifs, « l'euthanasie » des handicapés mentaux aurait pu dans l'esprit des lecteurs recevoir d'*Être et Temps* une sorte de facilitation. Et même si de généreux psychiatres, à la suite de Ludwig Binswanger, pratiquent avec leurs patients ce qu'ils appellent la *Daseinanalyse*, alliant analyse existentielle, phénoménologie et psychanalyse, il demeure que, si l'on suit Heidegger, les handicapés mentaux comme les animaux, « privés de monde » ou « pauvres en monde », vivent mais n'existent pas, finissent mais ne meurent pas. L'existentialisme n'est donc pas un humanisme, en vertu du trait même par lequel certaines de ces philosophies se servent de *l'existence* pour destituer les êtres qu'elles tiennent pour « seulement vivants » et peut-être pour des êtres déclarés indignes de vivre.

31

En même temps que je récusais non les savoirs positifs mais leur idéologie et, dès lors qu'il s'agissait des vivants, les réductionnismes de toutes obédiences, je faisais, en lectrice de Nietzsche, la guerre à la recherche du sens, aux « hémorragies de subjectivité » et aux humanismes, tantôt pitoyablement impuissants, tantôt confiscateurs d'humanité. Et pourtant, au terme d'une réflexion que m'a imposée l'existence de Gaspard, il m'a fallu peu à peu conjecturer, face à son hébétude actuelle, une interaction entre les gènes, les accidents de naissance, les aléas du milieu, les données des neurosciences et le travail inconscient : une dialectique secrète dont je sais bien qu'elle est pour le moment illisible, mais dont je me dis, en progressiste que je veux être, qu'un jour, ce devenir caché pourrait être déchiffré.

C'est pourquoi je refuse l'idéologie du tout-génétique qui consiste à imposer la fixité, l'inéluctabilité, la prédétermination, le rejet du nouveau et de l'imprévisible. Et je comprends que, si j'ai été constamment obsédée par l'exigence de tout appréhender en termes d'histoire et non, de manière à mes yeux théologique pour ne pas dire totalitaire, en termes de nature, c'est qu'il me fallait bien survivre, ne serait-ce que philosophiquement, au dénuement de Gaspard. Ce fut ma façon de ne pas rendre les armes.

32

« Parler du vide instauré entre la raison et ce qui n'est pas elle, sans jamais prendre appui sur la plénitude de ce qu'elle prétend être »... Foucault, en écrivant ces lignes, affirmait sa confiance dans une raison qui sache se moquer de la raison, laquelle ne se constitue que d'exclure la folie. J'ai lu et relu avec passion l'*Histoire de la folie à l'âge classique*, mais il faut se demander aujourd'hui si c'est en philosophe ou en historien, à la fois nostalgique et révolutionnaire, que Foucault marque une rupture entre ces moments fondateurs, chaque fois, d'une nouvelle expérience collective. Il y a d'abord eu le moment du « grand renfermement » de 1656 dans « l'Hôpital général », celui par lequel, avec une visée non médicale mais purement sociale, les malades mentaux se trouvent internés aux côtés des oisifs, des délinquants et des marginaux dans des centres qui ont pour fonction d'isoler ou de faire travailler ceux qui représentent une charge pour la société. Le second moment décisif a lieu avec la libération des enchaînés de l'hôpital général de Bicêtre en 1793 par Pinel. Cet événement marque la naissance de l'asile, la folie relevant désormais de la maladie mentale. Les « fous » ne sont plus enfermés avec les délinquants : libérés certes de leurs chaînes, encore que, comme le dénonce Foucault, durablement soumis au pouvoir du regard médical.

Mais n'a-t-on pas à juste titre reproché à ce livre, parfois qualifié de fresque romantique, de ne pas avoir reconnu dans l'instauration de l'asile un projet d'intégration et une volonté démocratique de tenir les malades mentaux pour des hommes à part entière ? Pinel, qui désenchaînait les fous à Bicêtre et les folles à la Salpêtrière, préconisait en même temps un traitement moral qui devait prendre en compte la logique délirante du patient, puis s'appuyer sur ce qui restait de bon sens chez chaque aliéné pour le forcer peu à peu à reconnaître ses erreurs, en usant du dialogue et, s'il le fallait, de l'autorité. Pour Foucault, Pinel ne fait donc que substituer à une contention physique un conditionnement moral. Pourtant, il est légitime de demander si, en faisant du « fou » un malade que l'on peut soigner et réintégrer dans la communauté humaine, Pinel ne permettait pas d'établir un dialogue, fût-il faussé, avec la folie.

L'admirable Itard qui consacra en vain une partie de ses forces et de son temps à tenter d'apprendre le langage articulé à l'enfant sauvage, Victor de l'Aveyron, entendait mettre en pratique la philosophie de Condillac, selon lequel « le plus grand fonds des idées des hommes est dans leur commerce réciproque ». Le livre de Lucien Malson sur les enfants sauvages était paru en 1964, au début de ma carrière d'enseignante, et, bien entendu, je lus avec ardeur tout ce que je pouvais tenir à ma disposition sur ce sujet. Or il me semble aujourd'hui, malgré mes doutes, que si j'ai été tellement réceptive à la thèse de Foucault sur la folie, sur sa transformation en maladie et cette nouvelle forme de l'enfermement, c'est que j'étais passionnée par l'expérience de ce jeune maître avec son élève. Ainsi ai-je appris que Pinel, dont Itard était l'étudiant, avait immédiatement placé Victor, après l'avoir examiné, dans la quatrième classe des affections de l'esprit, celle des enfants atteints d'idiotisme et de démence. Or, pour Itard, il fallait sauver Victor de ce qui ne lui semblait justement qu'une *idiotie* apparente. La cause de ses déficiences se trouvait dans la privation totale de relations sociales, on dirait aujourd'hui de liens intersubjectifs, et lui imposait donc une perspective thérapeutique qui tienne compte du passé difficilement accessible de cet enfant.

Et ma mère, qu'a-t-elle fait d'autre, bon an, mal an, pour rendre son fils à la société des hommes, que de rejeter la solution de Pinel, l'enfermement, et de parier pour la tentative d'Itard, l'éducation ? Elle n'aura pas moins échoué que lui.

33

Tout est affaire de traduction et c'est justement parce que certains textes semblent aujourd'hui indéchiffrables – par textes j'entends Gaspard, les morts et les animaux – qu'ils attendent de nous qu'on parvienne à les éclairer. Michelet a fait du talisman qu'est le « rameau d'or » virgilien, sans lequel on ne peut passer l'Achéron et revenir chez les vivants, la métaphore de la « résurrection des morts » : il la voit à l'œuvre aussi bien dans le travail de l'historien qui permet aux hommes du passé de renaître que dans l'acte politique qui permet la réhabilitation des animaux par leur accueil dans le droit et dans la cité.

« L'animal, sombre mystère ! écrit-il, monde immense de rêves et de douleurs muettes ! (…) Regardez sans prévention leur air doux et rêveur (…) ; ne diriez-vous pas des enfants dont une fée mauvaise empêcha le développement, qui n'ont pu débrouiller le premier songe du berceau, peut-être des âmes punies, humiliées, sur qui pèse une fatalité passagère ?… Triste enchantement où l'être captif d'une forme imparfaite dépend de tous ceux qui l'entourent, comme une personne endormie… Mais parce qu'il est comme endormi, il a, en récompense, accès vers une sphère de rêves dont nous n'avons pas l'idée. Nous voyons la face lumineuse du monde, lui, la face obscure ; et qui sait si celle-ci n'est pas la plus vaste des deux ? »

Et voici qu'il me faut assumer une évidence qui peut sembler brutale mais dont la fondamentale douceur rend compte à la fois de ma sollicitude pour les bêtes et de ma pitié pour Gaspard. L'attention philosophique à l'histoire immémoriale du pâtir animal a trouvé son origine dans une méditation sur le quasi-mutisme de mon frère. Oui, c'est dans cette trace d'un généreux élargissement de l'humanisme que je trouve le droit de rapprocher le silence de mon frère de ce « sombre mystère animal ». Mais Gaspard m'apparaît aussi comme ayant en quelque sorte rejoint l'Achéron, en vertu d'une douloureuse ressemblance entre son absence et ces à demi vivants que sont les morts chez les Grecs et les Romains, ces autres auxquels il est difficile, parfois dangereux, d'avoir accès et pour la rencontre desquels on doit faire entendre ou faire voir un signe de reconnaissance.

Ce pouvoir prodigieux du rameau d'or, je le nomme, indifféremment, don de l'écoute et don de la traduction. Si la grâce en est accordée à quelques-uns, elle m'aura été refusée, car je me sens rarement en mesure d'affronter cette longue catastrophe silencieuse qu'est mon frère. Son enfermement en lui-même, cette absence de raison qui manque de mots pour s'exprimer, cette longue durée que n'interrompt pas la pensée libératrice provoquent chez lui une dépression continuelle et un inguérissable ennui.

34

J'ai été longtemps obsédée par la question du langage, telle que Descartes la traite quand il en accorde aux hommes la prérogative. Sur ce point, j'ai appartenu à deux camps ennemis, d'une part celui des bêtes, en refusant la négation de leur psychisme par la démarche cartésienne, d'autre part celui des hommes : aussi muets ou fous, aussi hébétés que paraissent certains d'entre eux, ils ne sont pas pour autant privés du langage. En réalité, j'ai eu bien du mal à trancher entre le dur dualisme cartésien – la matière opposée à l'esprit, les animaux aux hommes – et la joyeuse confusion qu'entretient Montaigne entre tous les vivants. Mais l'insistance de Gaspard m'a empêchée de m'abandonner sans méfiance au gradualisme de la splendide conjecture qui consiste à établir entre les vivants des différences de degré et non point de nature. Aussi loin que j'aie pu aller dans l'interprétation du silence des bêtes, envisagé comme autant de langues réclamant d'être traduites, je restais pétrifiée par la contemplation de l'absence apparente de Gaspard au sens, en même temps qu'enracinée dans la décision, d'origine cartésienne, qui confirmait que la rareté de sa parole n'avait rien à voir avec le mutisme animal et ne signifiait aucunement qu'il n'était pas, lui aussi, un être de langage.

« C'est une chose bien remarquable, qu'il n'y a point d'hommes si hébétés et si stupides, sans en excepter même les insensés, qu'ils ne soient capables d'arranger ensemble diverses paroles, et d'en composer un discours par lequel ils fassent entendre leurs pensées. » Ce rapatriement des hommes hébétés, stupides, insensés dans la dignité d'êtres parlants et pensants a lieu dans la quatrième partie du *Discours de la méthode.* Mais, pour réussir ce sauvetage de l'éminente dignité des plus démunis et de l'égalité entre tous les hommes, il lui fallait exclure les bêtes de l'univers du sens. Le « véritable langage », dit en effet Descartes, celui qui ne se rapporte pas exclusivement à un mouvement naturel, mais tient à la seule pensée, ne s'observe jamais chez un animal.

Ainsi écrit-il que « notre corps n'est pas seulement une machine qui se remue de soi-même », mais qu'il y a aussi en lui « une âme qui a des pensées », comme seules le montrent « les paroles, ou autres signes faits à propos des sujets qui se présentent, sans se rapporter à aucune passion. Je dis les paroles ou autres signes, parce que les muets se servent de signes en même façon que nous de la voix ; et que ces signes soient à propos, pour exclure le parler des perroquets, sans exclure celui des fous, qui ne laisse pas d'être à propos des sujets qui se présentent, bien qu'il ne suive pas la raison (...). » Ces lignes sont extraites d'une lettre écrite en novembre 1646 au marquis de Newcastle, un éminent cavalier et théoricien de l'équitation, qui l'avait mis au défi.

35

« Que ces signes soient à propos », écrit donc Descartes, déclarant imprudemment tous les fous capables de cet à-propos. Or l'expérience de ce que peut et ne peut pas Gaspard m'a fait prendre au sérieux et même au tragique ce critère décisif du langage humain. Et j'aurai tout de même perdu beaucoup de mon espoir dans l'humanisme cartésien, car mon frère ne fait et ne dit à peu près rien qui soit à propos. C'est même son inadéquation à des circonstances nouvelles, sa fermeture à toute situation risquant de perturber l'ordre de ses processus, c'est cette déficience rédhibitoire qui caractérisent généralement ses gestes et ses propos. Dans sa volonté toute stoïcienne de déclarer l'unicité du genre humain, Descartes n'a pas su mettre la barre assez bas et il aura finalement laissé sans statut quelques vivants nés d'un homme et d'une femme, des vivants humains dépourvus d'à-propos.

Je continue toutefois de maintenir que, malgré la discrimination de cet à-propos, de cette exclusion majeure qui atteste du moins que son humanisme n'est pas un acte de foi catholique mais une décision philosophique, Descartes, en déclarant l'âme ou le langage ou la pensée apanage des seuls êtres humains, de tous les êtres humains, a résolu de refonder méthodologiquement et métaphysiquement une égalité entre les hommes, quelle que soit l'accidentelle faiblesse de ceux qu'on tient pour les derniers d'entre eux.

Ainsi n'ai-je jamais voulu m'associer à ce lynchage auquel se livrent les défenseurs des animaux. Certes, en tant que théoricien d'une mécanisation fictive du vivant, Descartes porte une responsabilité historique dans la dévalorisation des bêtes et la maltraitance animale. Mais ce qui chez moi se met immanquablement en travers d'un anticartésianisme forcené, c'est Gaspard : sa différence d'avec les humains normaux, sans doute, mais aussi la différence évidente de son manque d'à-propos d'avec celui des perroquets.

S'il me fallait faire le point, je relèverais tout d'abord que, contrairement aux idées reçues, Descartes, avec son âme réservée aux hommes, c'est-à-dire accordée à tous les hommes, a rendu possible la psychanalyse. Et qu'ensuite il aura par là même fermé la porte à la future théorie de l'évolution et à ces avancées inouïes de l'éthologie, qui rabattent, à si juste titre, l'exaltation narcissique du propre de l'homme.

36

Il reste que je comprends à peine aujourd'hui comment j'ai pu me tenir, continûment et en ne craignant pas de sembler me contredire, de l'un et l'autre côté de cette fracture ontologique entre les vivants. Comment puis-je me faire à moitié rassurer par Descartes au sujet de mon frère, tout en imputant à la démarche cartésienne la responsabilité philosophique et historique d'une dés-animation des animaux ? Je dois répondre une bonne fois de ce qui peut apparaître au pire comme une contradiction, au mieux comme une ambiguïté. La rhétorique de cet « en même temps » dont je ne cesse d'user ne tient pas plus d'une hésitation qu'elle ne témoigne d'une incohérence, mais elle assume que des jugements contradictoires prononcés à propos de Gaspard, de Descartes et des animaux, soient également recevables, tout en résistant au désir de surmonter les oppositions. Un ralliement à Descartes qui conduirait à l'abandon des bêtes n'est pas le prix à payer pour rendre à mon frère sa dignité, car, en réalité, il n'y a eu aucun prix à payer. C'est, à l'inverse, parce que Gaspard a constamment veillé sur mon chemin que j'ai pu, en un déplacement paradoxal, consacrer un long moment de mon travail à relire l'histoire de la philosophie en la mettant à l'épreuve du psychisme des animaux. C'est grâce à Descartes que j'ai sauvegardé l'humanité de Gaspard et c'est grâce à Gaspard que j'ai dit absolument non à l'animal machine.

Tout compte fait, si « les larmes qui sont dans les choses », comme le dit Virgile dans l'*Énéide*, ont semé sur mon chemin des empêchements, ces obstacles se sont métamorphosés en moyens de rendre réciproques des énoncés incompatibles : Descartes a réhabilité mon frère alors même que ce dernier m'aura, pour citer le mot de Rimbaud dans une lettre de 1871, « chargée de l'humanité, des animaux même ».

37

Certains diront à juste titre qu'on ne devrait pas prendre le droit de lire des œuvres philosophiques en les interprétant à partir des gouffres de son histoire, en les traitant à la fois comme des révélateurs et comme des boucliers. Pourtant Nietzsche, dans la préface du *Gai Savoir,* a, dès mon âge de raison, donné sa légitimité à une telle approche.

« Nous ne sommes pas libres, nous autres philosophes, écrit-il, de séparer le corps de l'âme (…) et nous sommes moins libres encore de séparer l'âme de l'esprit. Nous ne sommes pas des grenouilles pensantes, nous ne sommes pas des appareils objectifs et enregistreurs sans entrailles (…), il faut sans cesse que nous enfantions nos pensées dans la douleur et que, maternellement, nous leur donnions ce que nous avons en nous de sang, de cœur, d'ardeur, de joie, de passion, de tourment, de conscience, de fatalité. La vie consiste, pour nous, à transformer sans cesse tout ce que nous sommes en clarté et en flamme, et aussi tout ce qui nous touche. »

La transformation en clarté, en flamme, ce furent à la fois l'effort vers d'autres formes de rationalité et la difficile acceptation de mon frère, de son injuste excès de finitude. Aujourd'hui seulement, parce que j'ai entrepris d'écrire sur lui, je comprends que c'est à son mystère et non à une volonté de maîtrise que je dois d'avoir entendu cet appel à méditer en retour et à réfléchir toujours plus avant. Le recours à Nietzsche suffit-il toutefois à justifier ce qui peut apparaître comme une complaisante polarisation sur une blessure ? Je crois que oui, car je ne force pas les textes que je cite, j'essaie de les lire à partir d'une singularité universalisable.

38

L'affirmation d'une émergence du psychisme chez les animaux, j'y insiste, ne me vient pas seulement de la prise en considération des vivants non humains : dès que j'ai commencé à m'interroger et à comprendre que mon frère ne sortirait jamais de la forteresse dans laquelle son *trouble envahissant du développement* l'avait enfermé, j'ai entretenu une détestation envers la notion de propre de l'homme, si lourdement installée dans l'opinion commune et dans la philosophie. Il ne suffit pas de dire que cette croyance a privé les bêtes de tout droit, il faut ajouter qu'elle a autorisé le travers criminel qui conduit à exclure de l'humanité ceux qui ne remplissent pas les critères décisifs : les peuples qui manquent de rationalité et d'historicité, les handicapés mentaux qui sont dépourvus de liberté et de perfectibilité, les vieillards amoindris, les nourrissons, autant d'êtres humains dépourvus des marques qui caractérisent, de manière aussi autoritaire que précaire, le propre de l'homme.

La liste des signes de ce propre, la mise à jour, d'âge en âge, de ces critères, a de quoi susciter un rire amer. Car c'est d'un seul et même geste sans cesse réitéré, qu'on a séparé les hommes des animaux et qu'on a relégué des catégories d'hommes. Au commencement du commencement, l'homme aurait été « créé à l'image et à la ressemblance de Dieu ». Plus tard, Aristote aura dit que l'être de l'homme consiste à avoir langage et raison. Mais auparavant, Anaxagore avait affirmé que l'homme pensait parce qu'il avait des mains. Il fut question de feu, d'écriture, d'agriculture, de mathématiques, de liberté, de moralité, de perfectibilité, d'aptitude à imiter, d'anticipation de la mort, de rire, d'accouplement de face, de lutte pour la reconnaissance, de travail, de névrose, d'aptitude à mentir, de partage de nourriture, d'art. Gaspard, lui, ne possède aucune de ces vertus tenues pour proprement humaines. Très peu de signes viennent de lui, qui mériteraient qu'on s'exclame : cela, un animal ne l'aurait jamais fait ! Il est né, il a grandi, il s'est présenté à l'épreuve du propre de l'homme et il a été recalé. Son échec m'aura rendue hostile à presque tous les humanismes.

39

Même si je reste soumise au constat de la continuité évolutive, très vite après la parution du *Silence des bêtes*, il m'a fallu, en écrivant *Sans offenser le genre humain*, dénoncer ce que l'entomologiste Stephen Jay Gould a désigné comme « la mal-mesure de l'homme », à savoir les dangers politiques et éthiques liés au constat scientifique d'une continuité et donc d'une hiérarchie entre les vivants. Le refus, sans états d'âme, d'établir une frontière entre l'animal et l'humain peut conduire par exemple à évaluer les capacités respectives d'un handicapé et d'un animal de compagnie. La douce et pesante présence de Gaspard m'a obligée à maintenir une approche de cette différence entre homme et animal qu'une certaine ivresse antimétaphysique me portait systématiquement à dénier. Je n'ai jamais douté, encore une fois, que mon frère ne fût un sujet, un être de désir dont la parole et la pensée auraient dû constituer le destin. Plus précisément, percevoir tout être sensible et conscient comme un psychisme, ne jamais consentir à désigner les animaux comme des êtres « seulement vivants », reconnaître aux plus évolués d'entre eux le droit à une prise en compte de leur histoire évolutive et même de leur biographie me semblaient réparer l'injustice qui d'âge en âge les offense, les asservit, et les tue. Et, du même geste – comment dire ? –, je sauvais Gaspard de la relégation.

40

« Ils dorment et nous veillons » : cette conjecture de l'histoire naturelle naissante qu'ont formulée Buffon et Diderot, cette grande métaphore d'un enchaînement hiérarchique des vivants, ce gradualisme leibnizien m'est longtemps apparu comme une manière juste et généreuse de penser l'unité des êtres, sans effacer les différences entre un Dieu sans sommeil, des hommes qui plus ou moins veillent et des animaux qui plus ou moins dorment. Je croyais que cette continuité échelonnée, cette substitution d'une différence de degré à une opposition de nature pouvait secourir à la fois mon frère et les bêtes. Mais j'ai très vite compris qu'avoir recours à des graduations et donc consentir à mesurer, c'était introduire le loup dans la bergerie, multiplier les risques de manquement à la *common decency* envers les uns comme envers les autres.

Aussi loin que j'aie voulu aller dans l'assentiment à cette douce proximité avec les bêtes, que Montaigne a héritée du scepticisme antique et dont les partisans de la fin de l'exception humaine se réclament, je n'en ai pas moins pris conscience des dangers, éthique et politique, inhérents à une telle pensée du vivant. Quelle que fût ma volonté de défaire la tradition théologique et métaphysique du propre de l'homme, j'ai dû m'en tenir fermement à une décision philosophique de rupture avec la tendre et dangereuse confusion des êtres.

Il me fallait risquer un saut dans cette sphère du sens dont, avec d'autres, dans les décennies structuralistes, je m'étais beaucoup moquée, un saut, quasi pascalien, dans l'interprétation, autrement dit dans quelque chose comme l'espérance d'un avenir humain. Il m'appartenait alors de percevoir ce qu'avait d'infini ce titre d'un livre de Primo Levi : *Si c'est un homme.* La transcendance de Gaspard, sa lointaine proximité m'auront détournée d'un antihumanisme radical auquel me conduisait mon orientation philosophique. En revanche, mais bien plutôt réciproquement, c'est au souci que j'ai de la singularité humaine de cet homme différent, de cet étrange enfant dont j'ai la garde, que je dois l'attention que je porte aux animaux et à leur condition. Alors que le refus, affiché haut et clair, de trancher, quand vraiment il le faut, entre l'animal et l'humain conduit certains à demander en bonne logique et donc en toute bonne foi qui, d'un chien fidèle ou d'un handicapé profond, doit être jeté à la mer lorsque le bateau risque de couler. Et c'est malheureusement la question outrageante que Peter Singer ne craint pas de poser.

41

Je crois avoir déjoué ce que je tiens pour un piège idéologique : en tenant les deux bouts de la chaîne, j'ai tout fait pour ne pas m'y laisser enfermer. Selon Peter Singer, en effet, la « libération animale » ne peut en passer que par la détermination du caractère juste ou injuste d'actions qui doivent être jugées en fonction du seul caractère bon ou mauvais de leurs résultats. Ce qui est bon, c'est-à-dire ce qui procure le maximum de plaisir au plus grand nombre de vivants, doit décider de ce qui est juste. L'utilitarisme de Singer est donc un égalitarisme qui, prenant en compte les intérêts animaux au même titre que les intérêts humains, prétend remplir effectivement les exigences éthiques d'universalité. Or le souci de Gaspard a placé ce déni de toute différence entre les hommes et les animaux, cet effacement d'une propriété significative que tous les êtres humains posséderaient au même titre, au cœur de mon rejet de l'animalisme. Dans la mesure où seuls les êtres susceptibles de souffrance et de plaisir sont, selon Singer, susceptibles d'avoir des intérêts, tous les êtres doués de sensibilité devraient recevoir un même statut moral.

Pour réfuter l'argument selon lequel les animaux doivent être exclus de la « considération morale » sous prétexte qu'ils sont incapables de faire valoir leurs intérêts, Singer ne réclame pas pour eux de nouveaux droits, il invoque, de façon perverse, des cas d'humains frappés d'incapacité, qui ne sont pas pour autant exclus de la communauté morale : les nouveau-nés, les arriérés, les déments. Si l'on met à mort des animaux qui manifestent des aptitudes qu'un humain ne manifestera jamais ou ne manifeste plus, dit-il, on fait preuve de discrimination puisqu'on traite différemment des cas semblables.

C'est ainsi que, plaçant les animaux les moins sensibles et conscients dans la même catégorie que les déficients mentaux, il peut affirmer que, si nous acceptons qu'on fasse des expériences sur les « animaux non humains », nous devons nous demander si nous sommes également prêts à autoriser ces mêmes expériences sur de très jeunes enfants humains ou des adultes attardés mentaux. « Même avec les soins les plus intenses, certains enfants gravement déficients ne pourront jamais atteindre le niveau d'intelligence d'un chien », écrit-il. La seule chose qui distingue d'« animaux non humains » ces enfants, c'est leur appartenance à l'espèce homo sapiens, dont ne font pas partie les chimpanzés, les porcs et les chiens. Il y a là, note-t-il, un illogisme qui consiste à « faire coïncider exactement la limite du droit à la vie avec la frontière de notre propre espèce ». Singer fait comme si, dans sa problématique touchant la manière de traiter les vivants, un raisonnement prétendument imparable, relevant d'un logicisme à la fois primaire et sophistique, devait l'emporter sur la reconnaissance, concernant ceux qui sont les orphelins du propre de l'homme, de l'appartenance à l'humanité et d'un absolu droit de vivre.

« Quand nous aurons réalisé que l'appartenance d'un être à notre propre espèce ne constitue pas en elle-même une raison suffisante pour qu'il soit toujours mal de le tuer, nous en arriverons peut-être à reconsidérer la politique actuelle qui veut préserver la vie humaine à tout prix » mais fait bon marché des vies animales. Ainsi se formule et se prescrit, dans le dernier tiers du terrible XXe siècle, une théorie qui se dit d'éthique appliquée. On comprendra que j'aie eu à cœur de souligner l'articulation criminelle qu'elle pourrait établir entre l'impérative préservation de certaines vies animales et les pratiques eugénistes éliminationnistes que le programme T4 aura menées à bien.

42

Paola Cavalieri, disciple de Singer, ira encore plus loin en évoquant à son tour ces êtres humains, non représentatifs de l'humanité, que sont « les handicapés mentaux, les demeurés, les séniles », en offensant particulièrement le genre humain à travers ceux que le destin a rendus proches de ses membres les plus vulnérables. Elle use complaisamment de comparaisons entre les hommes, dépourvus des caractéristiques tenues pour proprement humaines, et les animaux auxquels ne semble manquer que la parole.

Il s'ensuit, chez elle comme chez Peter Singer, que rien, sinon une immorale prise en compte des siens, critère anthropocentré, dénué d'impartialité, ne justifie qu'on octroie à un moindre-homme – l'expression est de mon initiative – plus de considération qu'à l'un de ces animaux qui, des points de vue intellectuel, affectif, relationnel, atteignent un niveau égal ou supérieur au sien. C'est donc au titre de la cohérence éthique que Paola Cavalieri se croit obligée de demander, avec nombre de primatologues, qu'on accorde les droits de l'homme aux chimpanzés, aux gorilles et aux orangs-outangs, dont nous savons désormais qu'ils possèdent des capacités qui, dans notre espèce, sont tenues pour moralement décisives.

Admirative des expériences menées par Boris Cyrulnik, qui consistaient à confronter l'éthologie et la psychiatrie pour mieux connaître les primates et pour mieux porter secours à des enfants, j'ai d'autant moins craint d'envisager une proximité entre certains humains dépourvus des capacités décisives et certains animaux, mais j'ai toujours ressenti ce qu'il y avait de scabreux dans cet exercice de rapprochement et je ne m'y suis essayée qu'avec prudence et respect afin de susciter une approche de la singularité humaine qui ne soit plus seulement soumise à des critères de compétence. Prenant en compte une humanité lourde à porter parce que sa fragilité convoque notre responsabilité, il m'aura semblé qu'il fallait, dans un même souffle, assumer la charge de tous ces présumés pauvres en monde, tant humains qu'animaux.

43

Pour me délivrer de l'infernal dilemme imposé par Singer, je m'ancre dans les quelques lignes qu'a données Marguerite Duras au journal *Libération*, après avoir vu des rushes du film que Barbet Schroeder avait intitulé *Koko, le gorille qui parle* : « Cette grande animale encore enfant, de couleur noire, est d'une laideur si belle (...). Koko, tel est le nom qu'elle porte, comme on dirait négro ou raton – alors moi je l'appellerai Africa, par exemple – pourquoi, lorsque Africa occupe l'écran le remplit-elle à ce point, de cette façon incomparable, définitive et que rien, aucune analyse, fût-elle la plus pénétrante, ne pourrait, semble-t-il, témoigner de la souveraineté de son image ? de sa présence ? de cette différence si proche d'avec nous ? (...) la plus proche de nous sur l'autre rive du monde. Elle est aussi séparée de nous que de ceux qui la précèdent. Et nous, nous sommes aussi séparés d'elle que du vide qui est devant nous. S'il faut une image, ce serait peut-être celle-ci : un fleuve. Sur une rive l'anthropos, seul. Sur l'autre rive l'anthropoïde Africa, également seule. Nous nous regardons. Entre nous un milliard d'années. Il se passe ceci aussi que cette solitude d'Africa dans la chaîne des espèces est déjà notre solitude. Solitude d'Africa. Il faut la laisser là, disent certains, respecter la solitude d'Africa. Or, si on laissait Africa à sa solitude, elle n'existerait déjà plus. »

L'auteur évoque alors les massacres de grands singes et se demande si l'on ne devrait pas plutôt enseigner à Africa la méfiance de l'homme. Puis elle reprend.

« Quand Africa est là, enfant gigantesque, encombrée de sa force, cette Garbo des premiers âges qui ne sait pas être une Garbo, la vérité, c'est ça : Africa porte avec elle, en même temps qu'elle, une immensité, l'espèce, et dans son innocence et dans sa tragédie. Ne voit pas bien, Africa. Distingue mal. Quand le matin on lui demande : "Comment ça va ?" il arrive qu'elle réponde "sad". On lui demande pourquoi "sad", elle dit qu'elle ne sait pas pourquoi elle est "sad" aujourd'hui. Africa trace "sad" sur son visage, en langage sourd-muet, les deux doigts sur le chemin des larmes, ces lignes droites qui tombent des yeux vers le centre du monde. Merveille : Africa ne sait pas être triste d'une tristesse qui nous est commune à elle et à nous, être triste de tristesse, mélancolique de mélancolie au-delà de tout savoir. »

Au-delà de tout savoir... Je crois lire pour la première fois, quant à notre fonds commun de tristesse, une page qui évoque l'énigme de la ressemblance avec un être étrange qui semble faire partie de notre famille et participer à notre destin. Si j'avoue n'avoir jamais lu quelque chose qui invente plus justement, plus saintement, la proximité du lointain, ce n'est pas, encore une fois, que je cède sur mon rejet de l'engagement animaliste, c'est que je reconnais à la littérature un pouvoir quasi sacramentel. Ah ! Si Duras avait pu dire seulement une parole concernant Gaspard, écrire sur lui quelques lignes, son âme en eût semblé guérie.

44

J'ai transcrit dans d'autres livres les trois textes de Duras, Nietzsche et Althusser qui figurent dans celui-ci. C'est que je ne les cite pas, je récite, comme des poèmes, ces fragments qui témoignent de la transcendance de détresses transmises par des écritures où se nouent le récit et la pensée. Douleur, sans paroles et sans larmes visibles, de la lointaine et proche Africa ; allées et venues exténuantes d'Althusser entre le Parti communiste et la philosophie, entre l'École normale supérieure et l'hôpital psychiatrique ; supplice physique et psychique de Nietzsche, s'effondrant dans une crise finale qui dura dix ans, après avoir enlacé, en larmes, l'encolure d'un cheval que battait son cocher et avoir écrit : « J'ignore ce que sont des problèmes "purement spirituels". »

45

C'était l'été, des amis, liés à nous par un malheur semblable au nôtre, avaient invité dans leur chalet à la montagne les récents orphelins que nous étions depuis la mort de notre mère. J'avais emmené Gaspard dans une magnifique piscine de plein air, me souvenant qu'il avait appris à nager et même à plonger quand il avait 15 ans et l'ayant vu plusieurs fois se débrouiller fort bien dans la mer. Je le laissai donc, sans inquiétude, évoluer dans le grand bassin lorsque je l'aperçus soudain, quasi immobile, l'eau lui montant jusqu'à la bouche. Je crus tout d'abord à une sorte de jeu, car je savais que dans l'établissement où il vivait on l'emmenait régulièrement à la piscine. Je l'aidai à sortir de l'eau et le couvris de reproches : je ne compris pas tout de suite qu'il avait sans doute désappris les mouvements de la natation pendant ces longues années où je l'avais oublié entre les mains de sa mère et aux soins de l'institution. Du fait de m'être trop éloignée de lui dans le passé, j'avais mis sa vie en danger.

Je ne connaissais plus mon frère, il n'était plus celui qu'on avait séparé de moi à l'adolescence, et il me fallait le réapprendre.

Un autre incident me marqua encore plus durablement car il m'apparut comme la répétition du traumatisme ineffaçable de sa disparition à l'âge de 11 ans. Nous étions montés par le téléphérique en haut du mont d'Arbois afin d'en redescendre à pied. Comme le Rain Man du film, je l'ai dit, il faut que Gaspard, ne pouvant pas marcher à côté de quelqu'un, se tienne derrière, à distance, et, si on lui demande de passer devant, on le met à la torture. C'est ainsi que je le perdis dans la montagne. Je demandai à des promeneurs qui descendaient à notre suite s'ils l'avaient vu et n'obtins pas de réponse rassurante. Puis, brusquement, il réapparut et, de nouveau, je l'accablai de reproches véhéments.

En repensant à ces deux épisodes par lesquels s'est inauguré mon apprentissage de sœur et de tutrice, je me rends compte que j'ai eu injustement tendance à considérer certains de ces manquements inquiétants comme des sortes de simulations, persuadée qu'il faisait exprès alors que, tout simplement, personne ne l'obligeait plus depuis longtemps à faire semblant de quitter sa tour penchée. Je fais un sort à ces incidents parce qu'il a bien fallu que j'apprenne à me reprendre sur mes premiers mouvements afin de mieux déchiffrer ces écarts inquiétants et à découvrir la responsabilité inédite qui m'incombait.

46

Rien n'est jamais acquis à l'homme, ni sa force, ni sa mémoire, ni sa vie, nous le savons ou le saurons tous, le jour venu. Mais Gaspard et ses camarades de pauvreté, blessés de naissance ou d'enfance, subissent un surcroît de moindre être, dès lors que les apprentissages auxquels on a pu les soumettre, n'étant pas entretenus, jour après jour, ressemblent à un château de sable. Bizarrement, ce que mon frère aura oublié, ce n'est pas l'orthographe, inscrite en lui comme la marque indélébile du lien quasi sacré de sa mère avec la langue française, non, ce dont je n'ai pas compris qu'il l'avait perdu, c'est ce savoir nager, emblématique d'autres amnésies. Comme tout vivant, il tend à persévérer dans l'être, et je veux bien croire que je me suis trop vite affolée quand j'ai cru le voir sombrer dans ce grand bassin, car, par instinct vital, peut-être aurait-il été forcé de nager.

Mais la réalité de ce qui lui manque, du matin au soir et du soir au matin, allait éclater plus tard comme une évidence que je n'avais pas encore les moyens de percevoir : il ne dispose ni des raisons de faire un effort ni de la volonté d'abandonner la zone grise de ses répétitions et de son apathie aggravée par les médicaments. Il ne cherche ni à préserver ni à développer son être propre, puisque c'est cela, *lui-même*, qui lui fait défaut. Ou, plus justement, cela dont, à partir du moment où je me refuse à seulement décrire son *comportement* et où je m'obstine à présumer chez lui une intériorité indéchiffrable, cela même dont je dois affirmer que je ne sais rien. Où puiserait-il en effet la force de lutter pour faire reconnaître sa singularité, celui qui, bien qu'il semble en faire parfois usage de manière sensée, se trouve, faut-il le rappeler, dépourvu du *je* comme du *tu* et, plus radicalement encore, du *il*?

Sa vie elle ressemble à ces soldats sans armes
Qu'on avait habillés pour un autre destin
À quoi peut leur servir de se lever matin
Eux qu'on retrouve au soir désœuvrés, incertains ?

Ce n'est pas par hasard que ces vers d'Aragon sur la Défaite me reviennent soudain comme les mots de la plus sûre exactitude, comme des larmes longtemps retenues.

47

Le centaure Chiron, né des amours d'une femme et du dieu Kronos, qui s'était métamorphosé en cheval pour séduire une mortelle, était donc cheval par son corps et ses quatre membres, et homme par son torse, ses bras et sa tête. Celui qu'on appelle la bête divine incarne la bienfaisance et sa première grande action consista à guérir l'enfant Achille d'une blessure au pied. Comme il devint son précepteur, on le représente souvent portant le jeune héros sur son dos et se retournant vers celui auquel il enseigne l'équitation, la chasse et la guerre.

Encore que l'École de cavalerie de Saumur l'ait pris pour viril emblème de ses morts au combat, je me complais devant certaines représentations où l'on peut voir Achille enlacer l'encolure du centaure. Je m'attache à la signification du lien qui unit Chiron à celui qu'il porte, en me rappelant que la mise à cheval était pratiquée en Grèce dans les temples d'Esculape, dieu de la médecine. Quand j'ai connu la joie, et aussi la tristesse, de voir Gaspard sur un cheval, je n'ai pas renié mon admiration pour la haute école et pour le Cadre noir. Simplement, j'ai compris que je devais mettre de côté ce modèle héroïque et gracieux pour consentir à la quête humble et tâtonnante d'une empathie avec un vivant sensible, chaud, immense, généreux, débonnaire, désarmé. Il se trouve des gens de bien pour recueillir, grâce à leur fortune, des chevaux de course ou de manège condamnés à la boucherie, et leur accorder au pré une vieillesse heureuse. Et il y a des femmes et des hommes, connaissant à la fois les chevaux et le handicap mental, pour préparer, en les exerçant à la patience et à la douceur, quelques-uns de ces chevaux dans le but de leur faire adopter des comportements étrangers à leur espèce et à leur passé.

L'expérience du prolongement vivant du corps humain qu'est le cheval se situe à l'exact inverse du rituel mécanique, électrique et prothétique auquel se condamnent certains psychotiques. Car, que l'humain diminué soit à cheval, qu'il marche en tenant l'animal par la bride, qu'il le caresse ou qu'il aide à le panser, des points de contact, rassurants, inspirants, ne manquent pas de se former entre la robe des chevaux et l'âme de ces êtres auxquels a été dérobée l'expérience de leur corps propre. Or les contacts de chair à chair, la douce résistance, la découverte d'un état d'équilibre dans le mouvement, la connivence surprenante et peut-être redoutée, l'expressivité silencieuse, les frémissements de l'émouvante peau nue, l'étreinte parfois de l'encolure restaurent chez eux le sens du toucher. La terrible *Spaltung*, la barrière entre soi et soi, le réel et soi, entre les autres et soi, peut alors être un instant levée.

48

Si, comme le disait un grand philosophe rationaliste, Leibniz, il ne se trouve pas dans la nature deux feuilles d'arbre semblables et si, comme le confirme la recherche des empreintes génétiques, il n'y a pas deux ADN identiques, j'ose présumer qu'on ne rencontre pas deux déficients mentaux qui ne présentent des différences de comportement, et donc que chacun d'eux a son caractère. Mais seuls des thérapeutes exercés à interroger leurs histoires et ceux de leurs proches qui les aiment perçoivent ces singularités secrètes. Du reste, si les psychiatres en sont venus à parler du « spectre de l'autisme », c'est bien qu'ils ont privilégié une métaphore évoquant les gradations de couleur et la variété des tonalités d'existence, en même temps qu'ils prenaient en compte la diversité des niveaux d'incapacité. Il y a sans doute aussi un spectre des psychoses infantiles.

La proximité, dès l'époque de mes études, avec l'œuvre phénoménologique de Merleau-

Ponty m'avait conduite à lire *La Structure de l'organisme*, livre écrit par le psychiatre Kurt Goldstein et portant sur les blessures du cerveau lors de la Première Guerre mondiale. Celui-ci montrait que ces mutilations et les réactions qu'elles provoquaient, si elles confirmaient la réalité des localisations cérébrales, attestaient aussi que l'organisme est non une somme de segments juxtaposés, mais un tout structuré et qu'en conséquence, une grande diversité de réactions neurologiques et psychiques peut répondre aux lésions cérébrales. Même malade, surtout malade, le corps tente de rester ce que Nietzsche a appelé un « grand système de raison ». Dans cette perspective, je considère que l'emploi euphémique du terme handicap, mot emprunté à l'anglais des épreuves sportives, aussi respectueux des humains déficients qu'il se veuille, contribue à rejeter les handicapés dans l'indistinction et l'anonymat, alors même que chaque malade mental persévère dans la quête de ce qui pour lui peut faire sens.

Je me souviens des présentations de psychotiques à l'hôpital Sainte-Anne, de ces pauvres gestes, de ces pauvres paroles que nous étions tenus de regarder et d'écouter en voyeurs, sous prétexte qu'il nous fallait passer un certificat de psychologie pour obtenir une licence de philosophie. C'est en réaction contre la barbarie médicale pontifiante de cette époque que, vers 1968, les schizophrènes, à travers leurs supplices psychiques et leurs fulgurances, ont pu apparaître comme des êtres quasi messianiques, comme des « suicidés de la société » familialiste et capitaliste, comme des héros de notre temps.

49

Mais ceux qui ne sont pas des héros de notre temps, ceux qui, de façon non spectaculaire et sans en rien savoir, ont toujours déjà fait sécession, de quel supplément d'être les gratifier ? Au fond, ce que je tiens à dire, c'est que chacun de nous, les patients de Sainte-Anne et même Gaspard, négocie à sa manière propre la pénurie de son être. Ces considérations désordonnées et ces questions, qui ne resteront peut-être pas à jamais sans réponse, ne sont que des préparatifs rassurants afin de maîtriser la difficulté que j'éprouve à entreprendre le récit d'un voyage en train, un convoi, qui eut lieu longtemps après l'eucharistique expédition à Marseille. Un membre de chaque famille était chargé à tour de rôle d'accompagner les pensionnaires qui venaient pour les vacances à Paris et, une année, ce fut mon tour. Convoi, c'est ainsi qu'on désignait cet aller et retour de Toulouse à Paris, d'un mot que j'avais de bonnes raisons de trouver particulièrement lourd.

Il m'était arrivé, lors de visites à mon frère, de prendre des repas avec ses compagnons de malheur, et même si cela m'avait affectée de le voir tellement seul au milieu d'eux, lui dont l'infirmité psychique me semblait moins perceptible au premier abord, je m'y étais habituée. Mais lors de ce trajet en train, la réalité éclata. Dans ce wagon, au milieu de cette collectivité à laquelle il appartenait et qui n'avait d'autre raison d'être que de rassembler et de reléguer ceux qui ne pouvaient vivre ni seuls, ni en société, il n'était plus question pour lui d'un destin singulier, bien qu'il gardât cette aura solitaire que j'avais si longtemps eu la paresse et l'orgueil de confondre avec son pathologique solipsisme. Et ce, tout en n'ignorant pas qu'il était sans doute le plus atteint, puisqu'il n'entretenait à peu près aucune relation avec ses camarades, alors que ceux qui avaient été diagnostiqués Trisomiques 21 se montraient vivants, affectueux, avides de communication, si tristes, eux, quand ils quittaient leur famille et si joyeux quand ils la retrouvaient.

Pourquoi ai-je tant de peine à rapporter cette expérience ? Alors que j'avais en quelque sorte posé des roses sur les chaînes de son existence, faisant comme si elle avait tout de même quelque chose d'unique, voici que je voyais mon frère, dans ce huis clos du wagon, livré à l'anonymat d'une implacable communauté de destin.

50

« Le corps d'un fils de ma mère »… tel est le cri que Sophocle prête à Antigone, dans sa tragédie. La force de cette énonciation, au cœur du drame, n'aura cessé de resserrer mon lien et d'animer ma quête. Antigone, sœur de frères ennemis, refuse, alors que cela lui a été prescrit par le pouvoir, de punir Polynice, au-delà de sa mort, pour avoir pris les armes contre Thèbes. Elle n'accepte pas de laisser son âme errer sous la terre en abandonnant son corps à la dévoration par « les oiseaux affamés en quête d'un gibier ». Elle désobéit, se condamne donc à mort et, accomplissant les rites funéraires, elle jette sur lui de la poussière et verse des libations. Usant de l'argument selon lequel elle doit accomplir ce geste interdit par la loi parce que ses parents, étant morts, ne pourront engendrer un autre fils, elle entraîne dans sa fatale piété fraternelle le jeune homme qui l'aime et qui doit l'épouser.

Le corps du fils de ma mère ! Pourtant, la poussière de mots que je jette en direction de Gaspard n'a rien d'un rite de funérailles, elle a une destination inverse, celle de le faire vivre en l'inscrivant moins illisiblement dans la communauté des hommes.

51

J'ai douce souvenance d'une prière liturgique de mon enfance, qui se chantait dans le touchant latin du Moyen Âge : un hymne au Saint-Esprit, le *Veni, Sancte Spiritus.*

Lave ce qui est souillé,
Baigne ce qui est sec,
Guéris ce qui est blessé.
Assouplis ce qui est raide,
Réchauffe ce qui est froid,
Redresse ce qui est faussé.

Il m'est arrivé, non pas, certes, en priant, ce que je n'ai jamais su faire, mais en me récitant cette admirable invocation, d'inviter « le vent qui souffle où il veut » à réveiller mon frère au bois dormant, et il m'arrive, aujourd'hui encore, toute mécréante que je sois, de rêver que nous soit donné ce « don des larmes », dont Michelet raconte que Saint Louis suppliait en vain qu'il lui fût accordé. Ainsi recevrions-nous peut-être l'un et l'autre ce qui a, différemment mais également, manqué aux enfants que nous avons été.

52

Maintenant que je me suis souvenue de nous, que j'ai marché à ta recherche, que je t'ai en quelque sorte dessiné mais sans parvenir à te représenter, je peux te nommer sans plus craindre de te porter malheur. Tes parents t'ont appelé Gilbert-Jean. Et si je tiens finalement à laisser une trace de ton prénom, c'est qu'après que nous aurons l'un et l'autre disparu, sans descendance, notre nom et nos prénoms, imprimés, sauvegardés, survivront un temps dans le clair-obscur des bibliothèques qui sont les seuls tombeaux d'où il arrive parfois qu'un lecteur vous fasse revenir.

Je remercie de sa générosité Hélène Senn-Foulds à qui me lie depuis toujours une solidarité de destin, due à ce que nous avons eu, l'une et l'autre, des frères différents.

SOURCES

Écrits sur la psychanalyse, Freud et Lacan, de Louis Althusser, Stock-Imec, 1993

La Trêve, de Primo Levi, Grasset, 1997

Le Peuple, de Michelet, 1846

Lettre du 23 novembre 1646, de Descartes, *Œuvres et lettres*, La Pléiade, 1983

Le Gai Savoir, de Nietzsche, 1882

Libération, article de Marguerite Duras, en réaction au film de Barbet Schroeder, *Koko, le gorille qui parle*, 1978

DU MÊME AUTEUR

LES FIGURES JUIVES DE MARX, *Galilée*, 1973

LE SILENCE DES BÊTES. LA PHILOSOPHIE À L'ÉPREUVE DE L'ANIMALITÉ, *Fayard*, 1998 (*Points Essais*)

DIDEROT OU LE MATÉRIALISME ENCHANTÉ, *Grasset & Fasquelle*, 2001

LES MILLE ET UNE FÊTES. POURQUOI TANT DE RELIGIONS ?, *Bayard*, 2005

UNE TOUT AUTRE HISTOIRE. QUESTIONS À JEAN-FRANÇOIS LYOTARD, *Fayard*, 2006

QUAND UN ANIMAL TE REGARDE, *Gallimard Jeunesse*, 2006

SANS OFFENSER LE GENRE HUMAIN. RÉFLEXIONS SUR LA CAUSE ANIMALE, *Albin Michel*, 2008 (*Le Livre de Poche, « Biblio essais »*)

TRADUIRE LE PARLER DES BÊTES (avec Marie-Claire Pasquier), *L'Herne*, 2008

ACTES DE NAISSANCE. ENTRETIENS AVEC STÉPHANE BOU, *Seuil*, 2011

LA LEÇON DES OIES SAUVAGES, *Bayard*, 2012

LES ANIMAUX AUSSI ONT DES DROITS. ENTRETIENS RÉALISÉS PAR KARINE LOU MATIGNON, AVEC LA COLLABORATION DE DAVID ROSANE (avec Boris Cyrulnik et Peter Singer), *Seuil*, 2013 (*Points Essais*)

INTERPRÉTER DIDEROT AUJOURD'HUI (codirection avec Jacques Proust), *Hermann*, 2013

LA PRIÈRE D'ESTHER, *Seuil*, 2014

EN TERRAIN MINÉ, *Stock*, 2017 (*Folio*, n° 6681)

GASPARD DE LA NUIT, *Stock*, 2018 (*Folio*, n° 6754). Prix Femina essai

COLLECTION FOLIO

Dernières parutions

6396. Jim Harrison	*La fille du fermier*
6397. J.-K. Huysmans	*La Cathédrale*
6398. Simone de Beauvoir	*Idéalisme moral et réalisme politique*
6399. Paul Baldenberger	*À la place du mort*
6400. Yves Bonnefoy	*L'écharpe rouge* suivi de *Deux scènes et notes conjointes*
6401. Catherine Cusset	*L'autre qu'on adorait*
6402. Elena Ferrante	*Celle qui fuit et celle qui reste. L'amie prodigieuse III*
6403. David Foenkinos	*Le mystère Henri Pick*
6404. Philippe Forest	*Crue*
6405. Jack London	*Croc-Blanc*
6406. Luc Lang	*Au commencement du septième jour*
6407. Luc Lang	*L'autoroute*
6408. Jean Rolin	*Savannah*
6409. Robert Seethaler	*Une vie entière*
6410. François Sureau	*Le chemin des morts*
6411. Emmanuel Villin	*Sporting Club*
6412. Léon-Paul Fargue	*Mon quartier et autres lieux parisiens*
6413. Washington Irving	*La Légende de Sleepy Hollow*
6414. Henry James	*Le Motif dans le tapis*
6415. Marivaux	*Arlequin poli par l'amour et autres pièces en un acte*
6417. Vivant Denon	*Point de lendemain*
6418. Stefan Zweig	*Brûlant secret*
6419. Honoré de Balzac	*La Femme abandonnée*
6420. Jules Barbey d'Aurevilly	*Le Rideau cramoisi*

6421.	Charles Baudelaire	*La Fanfarlo*
6422.	Pierre Loti	*Les Désenchantées*
6423.	Stendhal	*Mina de Vanghel*
6424.	Virginia Woolf	*Rêves de femmes. Six nouvelles*
6425.	Charles Dickens	*Bleak House*
6426.	Julian Barnes	*Le fracas du temps*
6427.	Tonino Benacquista	*Romanesque*
6428.	Pierre Bergounioux	*La Toussaint*
6429.	Alain Blottière	*Comment Baptiste est mort*
6430.	Guy Boley	*Fils du feu*
6431.	Italo Calvino	*Pourquoi lire les classiques*
6432.	Françoise Frenkel	*Rien où poser sa tête*
6433.	François Garde	*L'effroi*
6434.	Franz-Olivier Giesbert	*L'arracheuse de dents*
6435.	Scholastique Mukasonga	*Cœur tambour*
6436.	Herta Müller	*Dépressions*
6437.	Alexandre Postel	*Les deux pigeons*
6438.	Patti Smith	*M Train*
6439.	Marcel Proust	*Un amour de Swann*
6440.	Stefan Zweig	*Lettre d'une inconnue*
6441.	Montaigne	*De la vanité*
6442.	Marie de Gournay	*Égalité des hommes et des femmes* et autres textes
6443.	Lal Ded	*Dans le mortier de l'amour j'ai enseveli mon cœur...*
6444.	Balzac	*N'ayez pas d'amitié pour moi, j'en veux trop*
6445.	Jean-Marc Ceci	*Monsieur Origami*
6446.	Christelle Dabos	*La Passe-miroir, Livre II. Les disparus du Clairdelune*
6447.	Didier Daeninckx	*Missak*
6448.	Annie Ernaux	*Mémoire de fille*
6449.	Annie Ernaux	*Le vrai lieu*
6450.	Carole Fives	*Une femme au téléphone*
6451.	Henri Godard	*Céline*
6452.	Lenka Horňáková-Civade	*Giboulées de soleil*

6453. Marianne Jaeglé	*Vincent qu'on assassine*
6454. Sylvain Prudhomme	*Légende*
6455. Pascale Robert-Diard	*La Déposition*
6456. Bernhard Schlink	*La femme sur l'escalier*
6457. Philippe Sollers	*Mouvement*
6458. Karine Tuil	*L'insouciance*
6459. Simone de Beauvoir	*L'âge de discrétion*
6460. Charles Dickens	*À lire au crépuscule et autres histoires de fantômes*
6461. Antoine Bello	*Ada*
6462. Caterina Bonvicini	*Le pays que j'aime*
6463. Stefan Brijs	*Courrier des tranchées*
6464. Tracy Chevalier	*À l'orée du verger*
6465. Jean-Baptiste Del Amo	*Règne animal*
6466. Benoît Duteurtre	*Livre pour adultes*
6467. Claire Gallois	*Et si tu n'existais pas*
6468. Martha Gellhorn	*Mes saisons en enfer*
6469. Cédric Gras	*Anthracite*
6470. Rebecca Lighieri	*Les garçons de l'été*
6471. Marie NDiaye	*La Cheffe, roman d'une cuisinière*
6472. Jaroslav Hašek	*Les aventures du brave soldat Švejk*
6473. Morten A. Strøksnes	*L'art de pêcher un requin géant à bord d'un canot pneumatique*
6474. Aristote	*Est-ce tout naturellement qu'on devient heureux ?*
6475. Jonathan Swift	*Résolutions pour quand je vieillirai et autres pensées sur divers sujets*
6476. Yājñavalkya	*Âme et corps*
6477. Anonyme	*Livre de la Sagesse*
6478. Maurice Blanchot	*Mai 68, révolution par l'idée*
6479. Collectif	*Commémorer Mai 68 ?*
6480. Bruno Le Maire	*À nos enfants*
6481. Nathacha Appanah	*Tropique de la violence*

6482. Erri De Luca	*Le plus et le moins*
6483. Laurent Demoulin	*Robinson*
6484. Jean-Paul Didierlaurent	*Macadam*
6485. Witold Gombrowicz	*Kronos*
6486. Jonathan Coe	*Numéro 11*
6487. Ernest Hemingway	*Le vieil homme et la mer*
6488. Joseph Kessel	*Première Guerre mondiale*
6489. Gilles Leroy	*Dans les westerns*
6490. Arto Paasilinna	*Le dentier du maréchal, madame Volotinen et autres curiosités*
6491. Marie Sizun	*La gouvernante suédoise*
6492. Leïla Slimani	*Chanson douce*
6493. Jean-Jacques Rousseau	*Lettres sur la botanique*
6494. Giovanni Verga	*La Louve et autres récits de Sicile*
6495. Raymond Chandler	*Déniche la fille*
6496. Jack London	*Une femme de cran* et autres nouvelles
6497. Vassilis Alexakis	*La clarinette*
6498. Christian Bobin	*Noireclaire*
6499. Jessie Burton	*Les filles au lion*
6500. John Green	*La face cachée de Margo*
6501. Douglas Coupland	*Toutes les familles sont psychotiques*
6502. Elitza Gueorguieva	*Les cosmonautes ne font que passer*
6503. Susan Minot	*Trente filles*
6504. Pierre-Etienne Musson	*Un si joli mois d'août*
6505. Amos Oz	*Judas*
6506. Jean-François Roseau	*La chute d'Icare*
6507. Jean-Marie Rouart	*Une jeunesse perdue*
6508. Nina Yargekov	*Double nationalité*
6509. Fawzia Zouari	*Le corps de ma mère*
6510. Virginia Woolf	*Orlando*
6511. François Bégaudeau	*Molécules*
6512. Élisa Shua Dusapin	*Hiver à Sokcho*

6513.	Hubert Haddad	*Corps désirable*
6514.	Nathan Hill	*Les fantômes du vieux pays*
6515.	Marcus Malte	*Le garçon*
6516.	Yasmina Reza	*Babylone*
6517.	Jón Kalman Stefánsson	*À la mesure de l'univers*
6518.	Fabienne Thomas	*L'enfant roman*
6519.	Aurélien Bellanger	*Le Grand Paris*
6520.	Raphaël Haroche	*Retourner à la mer*
6521.	Angela Huth	*La vie rêvée de Virginia Fly*
6522.	Marco Magini	*Comme si j'étais seul*
6523.	Akira Mizubayashi	*Un amour de Mille-Ans*
6524.	Valérie Mréjen	*Troisième Personne*
6525.	Pascal Quignard	*Les Larmes*
6526.	Jean-Christophe Rufin	*Le tour du monde du roi Zibeline*
6527.	Zeruya Shalev	*Douleur*
6528.	Michel Déon	*Un citron de Limone* suivi d'*Oublie...*
6529.	Pierre Raufast	*La baleine thébaïde*
6530.	François Garde	*Petit éloge de l'outre-mer*
6531.	Didier Pourquery	*Petit éloge du jazz*
6532.	Patti Smith	*« Rien que des gamins ». Extraits de Just Kids*
6533.	Anthony Trollope	*Le Directeur*
6534.	Laura Alcoba	*La danse de l'araignée*
6535.	Pierric Bailly	*L'homme des bois*
6536.	Michel Canesi et Jamil Rahmani	*Alger sans Mozart*
6537.	Philippe Djian	*Marlène*
6538.	Nicolas Fargues et Iegor Gran	*Écrire à l'élastique*
6539.	Stéphanie Kalfon	*Les parapluies d'Erik Satie*
6540.	Vénus Khoury-Ghata	*L'adieu à la femme rouge*
6541.	Philippe Labro	*Ma mère, cette inconnue*
6542.	Hisham Matar	*La terre qui les sépare*
6543.	Ludovic Roubaudi	*Camille et Merveille*
6544.	Elena Ferrante	*L'amie prodigieuse (série tv)*
6545.	Philippe Sollers	*Beauté*

6546. Barack Obama — *Discours choisis*
6547. René Descartes — *Correspondance avec Élisabeth de Bohême et Christine de Suède*
6548. Dante — *Je cherchais ma consolation sur la terre...*
6549. Olympe de Gouges — *Lettre au peuple et autres textes*
6550. Saint François de Sales — *De la modestie et autres entretiens spirituels*
6551. Tchouang-tseu — *Joie suprême et autres textes*
6552. Sawako Ariyoshi — *Les dames de Kimoto*
6553. Salim Bachi — *Dieu, Allah, moi et les autres*
6554. Italo Calvino — *La route de San Giovanni*
6555. Italo Calvino — *Leçons américaines*
6556. Denis Diderot — *Histoire de Mme de La Pommeraye* précédé de l'essai *Sur les femmes.*
6557. Amandine Dhée — *La femme brouillon*
6558. Pierre Jourde — *Winter is coming*
6559. Philippe Le Guillou — *Novembre*
6560. François Mitterrand — *Lettres à Anne. 1962-1995. Choix*
6561. Pénélope Bagieu — *Culottées Livre I – Partie 1. Des femmes qui ne font que ce qu'elles veulent*
6562. Pénélope Bagieu — *Culottées Livre I – Partie 2. Des femmes qui ne font que ce qu'elles veulent*
6563. Jean Giono — *Refus d'obéissance*
6564. Ivan Tourguéniev — *Les Eaux tranquilles*
6565. Victor Hugo — *William Shakespeare*
6566. Collectif — *Déclaration universelle des droits de l'homme*
6567. Collectif — *Bonne année ! 10 réveillons littéraires*
6568. Pierre Adrian — *Des âmes simples*
6569. Muriel Barbery — *La vie des elfes*

6570. Camille Laurens — *La petite danseuse de quatorze ans*
6571. Erri De Luca — *La nature exposée*
6572. Elena Ferrante — *L'enfant perdue. L'amie prodigieuse IV*
6573. René Frégni — *Les vivants au prix des morts*
6574. Karl Ove Knausgaard — *Aux confins du monde. Mon combat IV*
6575. Nina Leger — *Mise en pièces*
6576. Christophe Ono-dit-Biot — *Croire au merveilleux*
6577. Graham Swift — *Le dimanche des mères*
6578. Sophie Van der Linden — *De terre et de mer*
6579. Honoré de Balzac — *La Vendetta*
6580. Antoine Bello — *Manikin 100*
6581. Ian McEwan — *Mon roman pourpre aux pages parfumées* et autres nouvelles
6582. Irène Némirovsky — *Film parlé*
6583. Jean-Baptiste Andrea — *Ma reine*
6584. Mikhaïl Boulgakov — *Le Maître et Marguerite*
6585. Georges Bernanos — *Sous le soleil de Satan*
6586. Stefan Zweig — *Nouvelle du jeu d'échecs*
6587. Fédor Dostoïevski — *Le Joueur*
6588. Alexandre Pouchkine — *La Dame de pique*
6589. Edgar Allan Poe — *Le Joueur d'échecs de Maelzel*
6590. Jules Barbey d'Aurevilly — *Le Dessous de cartes d'une partie de whist*
6592. Antoine Bello — *L'homme qui s'envola*
6593. François-Henri Désérable — *Un certain M. Piekielny*
6594. Dario Franceschini — *Ailleurs*
6595. Pascal Quignard — *Dans ce jardin qu'on aimait*
6596. Meir Shalev — *Un fusil, une vache, un arbre et une femme*
6597. Sylvain Tesson — *Sur les chemins noirs*
6598. Frédéric Verger — *Les rêveuses*
6599. John Edgar Wideman — *Écrire pour sauver une vie. Le dossier Louis Till*
6600. John Edgar Wideman — *La trilogie de Homewood*

Composition : IGS-CP à L'Isle-d'Espagnac (16)
Achevé d'imprimer par Novoprint,
le 3 janvier 2020
Dépôt légal : janvier 2020

ISBN : 978-2-07-284557-4/Imprimé en Espagne

349329